湖南社会科学普及
Hunan popularization of Social Science

湖南省社会科学普及读物出版资助项目

# 筑梦，圆梦：

## 共话乡村振兴，共建美丽乡村

赵先超　高开辉　袁　超　胡艺觉 ◎ 编著

中南大学出版社
www.csupress.com.cn
·长沙·

# 前 言

习近平总书记指出："一个没有发达的自然科学的国家不可能走在世界前列，一个没有繁荣的哲学社会科学的国家也不可能走在世界前列。"社会科学是人们认识世界、改造世界的重要工具，是推动历史发展和社会进步的重要力量。加强社会科学的宣传和普及，是弘扬科学精神、繁荣社会科学、提高公众社会科学文化素质、促进人与社会全面发展的客观需要。近年来，湖南社会科学普及工作不断深化，成效显著，通过建立社科普及基地、举办社科普及讲坛、开展咨询展览以及社科普及主题活动周、优秀社科普及读物创作与推荐、社科普及志愿者队伍建设等活动，在提升公众社会科学文化素质、推动社会科学发展方面发挥了积极的作用。

中国特色社会主义进入了新时代。一方面，我国社会主要矛盾已经转化为人民日益增长的美好生活需要和不平衡不充分的发展之间的矛盾。人们美好的生活需求日益广泛，极大地体现在人们对文化、精神领域有了更高的追求。另一方面，面对社会思想观念和价值取向日趋活跃、主流和非主流同时并存、社会思潮纷纭激荡的新形势，如何巩固马克思主义在意识形态领域的指导地位，培育和践行社会主义核心价值观，巩固全党全国各族人民团结奋斗的共同思想基础，迫切需要哲学社会科学更好地发挥作用。在这个背景之下，社会科学普及工作者应自觉担负起历史使命和时代责任，充分运用"社会科学普及＋"思维，创新社会科学普及形式，在丰富人民群众精神文化生活的同时，对人民群众进行科学的教育、引导和疏导，培育和践行社会主义核心价值观，提高人民群众人文社科素养。

面对新形势新任务，湖南省社会科学界联合会、湖南省社会科学普及宣传活动组委会办公室贯彻落实《湖南省社会科学普及条例》，开展湖南省社会科学普及读物出版资助项目，面向在湘工作的社会科学理论工作者和实际工作者征集优秀社会科学普及作品，对获得立项的优秀作品进行资助出版，并认定为湖南省社会科学成果评审委员会省级课题。开展这一项目的目的就是为了激发广大社会科学工作者创作社会科学普及作品的积极性，推出更多更好的优秀社会科学普及作品，把"大道理"变成"小故事"，把学术语言转换成群众语言，把"普通话"和"地方话"结合起来，真正让党的理论政策鲜活起来，让社会科学知识生动起来，让社会科学普及工作"成风化人、凝心聚力"，为实现中华民族伟大复兴的中国梦、建设富饶美丽幸福新湖南凝聚强大的正能量。

湖南省社会科学界联合会

湖南省社会科学普及宣传活动组委会办公室

2019 年 5 月

# 序

　　2008 年，浙江省安吉县首次提出建设"美丽乡村"的概念，计划用 11 年左右的时间，把安吉县打造成为中国最美丽乡村。中国共产党在第十八次全国代表大会报告中提出，"要努力建设美丽中国，实现中华民族永续发展"。2013 年年初，中央一号文件第一次提出了建设"美丽乡村"的奋斗目标。2013 年 5 月，农业部下发了《"美丽乡村"创建目标体系》，为美丽乡村建设提供了规范和指导。2014 年 2 月，农业部发布美丽乡村建设十大模式，为美丽乡村建设明确了目标和方向。2015 年 5 月，国家质检总局、国家标准委发布《美丽乡村建设指南》，为开展美丽乡村建设提供了框架性指导，使乡村资源配置和公共服务有章可循。同时，指南强调，不搞"一刀切"，也不要求"齐步走"，鼓励各地根据乡村资源禀赋，因地制宜、创新发展。党的十九大提出"乡村振兴"战略，"产业兴旺、生态宜居、乡风文明、治理有效、生活富裕"的战略总要求进一步推动了美丽乡村建设的落实。2018 年 9 月，中共中央、国务院印发《乡村振兴战略规划（2018—2022年）》，分三十七章全面阐述了我国乡村振兴战略实施的总体要求、发展目标与规划要点。可以说，美丽乡村建设是美丽中国建设的重要组成部分，是全面建成小康社会的重大举措，是在生态文明建设全新理念指导下的一次农村综合变革，也是顺应社会发展趋势的升级版的新农村建设。而从美丽乡村建设到乡村振兴战略，既是国家深化农村改革的题中之义，更是关乎民生福祉的顶层规划。

"敢为人先，心忧天下"历来是湖南人的精神写照。自国家美丽乡村的奋斗目标提出之后，湖南省积极响应国家号召，先后印发《中共湖南省委办公厅、湖南省人民政府办公厅关于加快推进美丽乡村建设的意见》《湖南省乡村振兴战略规划（2018—2022年）》等相关政策与技术文件，评选年度省级美丽乡村建设先进县市区、美丽乡村建设示范村。总体来讲，随着湖南省各地美丽乡村建设的深入推进，一幅幅产业兴旺、环境优美、村容整洁、文明和谐的乡村画卷在湖湘大地上徐徐铺开。

党的十九大提出的乡村振兴战略，既描绘了乡村建设的美好愿景，也对美丽乡村建设提出了更高的要求。科学有序推进美丽乡村建设不仅仅是政府职能部门的职责，也是每一位中华儿女应当协同推进的民生工程。当前，国内有关乡村振兴与美丽乡村建设的科普作品尚不多见，而针对湖南省美丽乡村建设的科普作品更是尚未见到，这显然难以科学助推三湘大地的美丽乡村建设。

正是由此，如何以中国梦、乡村梦为切入点，以筑梦、圆梦为主题，深入、系统地开展乡村振兴与美丽乡村社科科普工作尤为重要。

本书试图将中国梦（实现中华民族伟大复兴）、乡村梦（实现乡村振兴，是实现中国梦的重要方面）、美丽乡村（实现中国梦和乡村梦的重要支撑）有机联系，以筑梦、圆梦为主题，其创作方向是通过科普作品的创作与推广，将乡村振兴与美丽乡村规划建设方面的学术语言转换成群众语言，以广大人民群众喜闻乐见、通俗易懂、富有趣味的语言，配以多种形式的插图（如实景拍摄图片、手绘漫画、网络图片）、数据、专栏、问卷等，辅以小故事、热点话题、典型案例等，较为深入地展开对乡村振兴与美丽乡村建设问题的科普描述，为有序推进新时期美丽乡村建设工作、实现乡村振兴战略目标以及建设富饶、美丽、幸福新湖南贡献微薄之力。

本书在内容与章节设置上别具一格。在内容设计上，本书分为两个层次。在第一个层次上，作品的整体框架可分为开篇、正文（第一章至第十一章）和结语三大部分。在第二个层次上，作品的正文部分分为三个部分：第一部分为背景现状科普篇（第一章至第二章），着重介绍美丽乡村建设的背景、现状和发展目标；第二部分为专题内容科普篇（第三章至第九章），着重从幸福人居、产业发展、生态环境、公共服务、文化建设和基层组织六大层面介绍美丽乡村规划、建设和管理的相关专题内容；第三部分为实践案例科普篇（第十章至第十一章），重点从美丽乡村的规划建设和典型案例两个方面全面解读美丽乡村规划建设的实践经验。

**作者**

2019 年 4 月 8 日

# 目　录

我的诗献给中国的一个小小的乡村——
它被一条山岗所伸出的手臂环护着。
山岗上是年老的常常呻吟的松树；
还有红叶子像鸭掌般撑开的枫树；
高大的结着戴帽子的果实的榉子树
和老槐树，主干被雷霆劈断的老槐树；
这些年老的树，在山岗上集成树林，
荫蔽着一个古老的乡村和它的居民。
我想起乡村边上澄清的池沼——
它的周围密密地环抱着浓绿的杨柳，
水面浮着菱叶、水葫芦叶、睡莲的白花。
它是天的忠心的伴侣，映着天的欢笑和愁苦；
它是云的梳妆台，太阳、月亮、飞鸟的镜子；
它是群星的沐浴处，水禽的游泳池；
而老实又庞大的水牛从水里伸出了头，
看着村妇蹲在石板上洗着蔬菜和衣服。
······
我的诗献给生长我的小小的乡村——
卑微的，没有人注意的小小的乡村，
它像中国大地上的千百万的乡村。
它存在于我的心里，像母亲存在儿子心里。

纵然明丽的风光和污秽的生活形成了对照，

而自然的恩惠也不曾弥补了居民的贫穷，

这是不合理的：它应该有它和自然一致的和谐；

为了反抗欺骗与压榨，它将从沉睡中起来。

——艾青《献给乡村的诗》节选（1942年9月7日）

穿越半个多世纪的风霜，我们在诗人艾青的笔下依然能感受到他对家乡醇厚深沉的情感。在诗中，诗人怀念着故乡畈田蒋村的生活——那里的树林、池沼、花草、果园、石井、小溪、木桥、广场、房屋，还想起了那里的村妇、老人、农夫和牧童，那里的木匠、石匠、泥水匠、铁匠、裁缝……一幅幅安宁祥和的乡村画卷舒展在我们面前，为我们描绘了那个时代最淳朴的田园生活。在诗篇的最后，诗人也发出自己的呐喊：那么美丽的乡村，为什么生活的落后和居民的贫穷成为她的另一个代名词？——这是不合理的，它必将从沉睡中醒来。诗人将她寄予与自然一致的和谐，并对此充满信心。

而如今，我们走在诗人的梦中，在美丽乡村建设的道路中前行，为乡村振兴事业而奋进。

图开-1  画家赵景岩笔下宁静祥和的乡村图景

在中国迈向现代化的整体进程中，"三农"（农业、农村、农民）一直为现代化事业做出巨大贡献，持续发挥着资源输出和人力资源供给的作用。农村人力、物力和财力源源不断地流向城市，在很大程度上促进了城市经济、教育、文明的发展。如今，在城乡统筹新思想引导下，率先步入现代化的城市开始反哺乡村，有力推动着国家的现代化进程。

早在 20 世纪 50 年代中期，我国就提出"农村现代化"的社会主义新农村建设目标。改革开放以后，政治上废社建乡（镇），实行村民委员会管理体制；经济上推行家庭联产承包责任制；体制上突破计划经济模式，发展社会主义市场经济。这都极大地动员了数亿农民参与农业生产，前所未有地解放了农村生产力，农村各项事业都取得了快速发展，农村也迎来了历史上前所未有的发展机遇。新时代，乡村振兴战略的提出以及美丽乡村建设的推进，也必将有力地推动农村现代化目标的加快实现。

图开-2 从 20 世纪 50 年代、改革开放到新时代三个节点，
乡村发展改变的不仅仅是宣传风格，更有时代的成绩

党的十五届三中全会高度评价和肯定了农村改革 20 年所取得的巨大成就，并对经济层面、政治层面和文化层面上"建设中国特色社会主义新农村"的任务提出了要求，新农村建设已经成为一个系统工程。

2005 年 10 月，中国共产党十六届五中全会通过了《中共中央关于制定国民经济和社会发展的第十一个五年规划的建议》，更加明确、具体地提出了社会主义新农村建设的 20 字方针，即"生产发展、生活宽裕、乡风文明、村容整洁、管理民主"，并对新农村建设进行了全面部署。

党的十七大进一步提出"要统筹城乡发展，推进社会主义新农村建设"，把农村建设纳入了国家建设的全局，充分体现了全国一盘棋的科学发展思想。

党的十八大报告明确提出："要努力建设美丽中国，实现中华民族永续发展。"十八大第一次提出了城乡统筹协调发展，共建"美丽中国"的全新概念。紧随其后出台的 2013 年中央一号文件，依据美丽中国的理念第一次提出了要建设"美丽乡村"的奋斗目标，新农村建设以"美丽乡村"建设的提法首次在国家层面明确提出。十八大以来，随着美丽乡村建设工作的进一步推进，产业兴旺、环境优美、村容整洁、文明和谐的一幅幅乡村图景在神州大地上不断展现。

党的十九大提出的"乡村振兴战略"让人民又有了新的期待和愿景，美丽乡村可现，美丽中国可期。从美丽乡村建设到乡村振兴战略，这既是国家深化农村改革的题中之义，更是关乎民生福祉的顶层规划。十九大提出的坚持农业农村优先发展、实施乡村振兴战略，既是指向乡村产业的振兴，更是指向乡村社会全方位的振兴。实施乡村振兴战略要物质文明和精神文明一起抓，特别要注重提升农民精神风貌。乡村振兴是新时代"三农"工作的总抓手，表明我们党对经济社会发展规律和城乡发展规律取得了新的更高层次的认识，为新时代美丽乡村建设开启了新的征程。

党的十九大还提出了全面落实乡村振兴战略的 20 字总要求，即"产业兴旺、生态宜居、乡风文明、治理有效、生活富裕"。

◆ **国家说**

走中国特色社会主义乡村振兴道路，让农业成为有奔头的产业，让农民成为有吸引力的职业，让农村成为安居乐业的美丽家园。

实施乡村振兴战略的目标任务：到 2020 年，乡村振兴取得重要进展，制度框架和政策体系基本形成；到 2035 年，乡村振兴取得决定性进展，农业农村现代化基本实现；到 2050 年，乡村全面振兴，农业强、农村美、农民富全面实现。

——《中共中央国务院关于实施乡村振兴战略的意见》(2018 年)

2013 年 5 月，农业部下发《"美丽乡村"创建目标体系》，为美丽乡村的建设提供了规范和指导。2014 年 2 月，农业部发布美丽乡村建设十大模式（产业发展型、生态保护型、城郊集约型、社会综治型、文化传承型、渔业开发型、草原牧场型、环境整治型、休闲旅游型、高效农业型），既为各地乡村建设提供了范本和借鉴，也为地方的美丽乡村建设明确了目标和方向。

2015 年 5 月，国家质检总局、国家标准委发布《美丽乡村建设指南》，为开展美丽乡村建设提供了框架性和方向性的技术指导，使美丽乡村建设有了可以具体参照的标准，使乡村资源和公共服务有了明确的配置指向。同时，建设指南对乡村特色化、具体化发展提供了弹性空间，不要求"齐步走"，更不要"一刀切"，充分鼓励各地根据乡村资源禀赋，因地制宜、创新发展。

◆ **标准说**

国家标准《美丽乡村建设指南》以创建美丽乡村为目标这一主线确立标准框架。在对全国各地区广泛调研和经验总结后，确定了美丽乡村的内涵是"规划布局科学、村容整洁、生产发展、乡风文明、管理民主，且宜居、宜业的可持续发展的乡村"，并确定了标准的主要内容框架。

从2016年起，中央财政以每村每年150万元的标准连续两年支持美丽乡村建设发展，计划到2020年底在全国建成约6000个美丽乡村。中央财政的支持触发了各地对美丽乡村建设的投资热情，通过政府购买服务、政府和社会资本合作（PPP）、政府与金融合作等模式，吸引民间资本投入美丽乡村建设，通过创新机制促进美丽乡村建设合力推进。

美丽乡村建设是改善民生福祉的重要途径。随着生活水平的不断提高，乡村居民对优美的生活环境、更好的生活质量、完善的服务设施、便捷的交通条件都有着越来越高的追求。广大乡村居民是村庄的主人，更是美丽乡村建设中不可或缺的参与者和受益者。美丽乡村建设对于村庄居民点住房建设、街巷空间环境建设、基础设施与公共服务建设、产业发展等都起着较大的推动作用；在改变乡村建设与环境风貌的同时，也使老百姓的人文面貌发生了非常巨大的变化，村美了，人富了，大家伙儿的精神面貌也就随之得到改善，乡土文化遗产得到延续，乡村社会秩序更加优化。美丽乡村建设促进了乡村面貌的改造和提升，作为一项名副其实的惠民工程，其对于改善乡村民生福祉有着非常重大的意义。

美丽乡村建设是统筹城乡发展的重要着力点。美丽乡村建设是农业现代化发展的需要，是筑牢城镇化的基石。农业现代化与城镇化统筹协调发展，是农业现代化与产业化筑牢新型城镇化与工业化的基础。随着城乡居民生活水平的进一步提升，乡村已不仅仅单纯为城市提供农业物质供给，更在空间环境和生活方式上提供了更高层次的服务。在"乡村旅游热"兴起的今天，有条件的乡村通过发展旅居产业将城市居民留住，甚至吸收外来高层次人才融入，推动城乡协调一体化发展。没有乡村农业的现代化发展，就没有整个国家的现代化发展。没有美丽乡村建设，实现美丽中国也会遥不可及。只有实现城市与乡村在经济、政治、社会、文化、生态等多层面的和谐发展、持续发展，才能促进城乡协调共进，才能真正实现美丽中国的建设目标。

美丽乡村建设是推动生态文明建设的必由之路。十八大报告首次提出了"把生态文明建设放在突出地位，融入经济建设、政治建设、文化建设、社会建设各方面和全过程，努力建设美丽中国"的任务和目标。但美丽中国的建设重点和难点都在乡村，我国乡村卫生环境的问题尤为突出。2015年3月，中共中央政治局审议通过了《加快推进生态文明建设的意见》，首次提出了绿色化的要求，要求把绿色化与新型城镇化、信息化、工业化、农业现代化协同推进，并突出强调了生态文明建设，要求牢固树立"绿水青山就是金山银山"的理念，推进建设美丽中国。开展美丽乡村建设，既是实现全面建成小康社会目标的需要，还是推进生态文明建设从而实现永续发展的需要，同时也是优化乡村居民生活环境质量的需要。

### ◆ 时代说——三代村支书和一个村庄的蝶变

#### 爷爷村支书：一条山路解决村民温饱

温州西炉村有700余年的红柿种植历史，被称为永嘉红柿的发祥地，但20世纪80年代初，村民们肩担红柿或柴火换粮食，依然上顿不接下顿，填不饱肚子。1982年，周吉楼担任西炉村党支部书记。1990年，经过历时三年的建设，3.6千米的盘山公路通车。周吉楼带领村里能人们发展了红柿基地、杨梅基地等，尝试农业综合开发。一时间，西炉经验迎来各地关注和取经。2005年，周吉楼"退休"时，西炉村人均收入达到4000多元。

#### 父亲村支书：从卖柿子改成卖风景

2010年前后，西炉红柿遭遇"滑铁卢"，卖不出去的红柿一度挂在枝头烂掉。看不到盼头的村民们，开始砍掉自家的柿子树。但打造红柿摄影基地和旅游观光园的念头，在时任村支书周益朋心中萌芽。

之后，西炉村定期举办红柿文化节，西炉红柿实现了从卖产品到卖风景的成功转型。随之而来的人气，带动了其他农产品的销售。红柿属于季节性产品，为改变产业结构单一的现状，扩宽农民收入渠道，周益朋带领党员干部多次前往台州黄岩等地实地考察，引入东魁杨梅、枇杷、水蜜桃等新品种，欲借助村里的知名度，打造水果特色村。

自 2011 年以来，西炉村不断完善基础设施，扩宽环山公路，修筑红柿杨梅基地公路，架设基地内的电力水利设施，建设休闲广场、办公楼、农家书屋、道德讲堂、老年食堂等。小村实现了经济和环境的"双丰收"。

### 90 后村支书：探索"乡村旅游+"经济

2017 年 2 月，90 后的周姗姗当选村党支部书记。毕业于国际贸易专业的她要在父辈的基础上做"乡村旅游+"和电商平台。西炉村对集体山场计划以股份的形式投入，壮大集体经济规模：规划在雁楠公路边村入口处修筑通往红柿观光园的健身步道，打造水果交易市场、民宿、农家乐等，大力发展农业产业和乡村旅游。

如今，西炉村共有红柿 700 余亩，杨梅 1500 余亩，年产值达 875 万元。其中村集体所有的红柿基地 350 余亩、杨梅基地 380 余亩，含一处 130 亩的红柿采摘旅游观光园，年吸引游客达 20000 余人次。年村集体收入 38 万元，人均收入达 12160 元。

西炉村几十年的发展是中国乡村时代变化的缩影，也是如今美丽乡村和乡村振兴的典范。

——来源：《温州日报》2017 年 12 月 11 日稿

美丽乡村建设是一个国家战略，也是一个国家行为。美丽乡村建设要解决的是如何缩小城乡差别、地区差别、工农差别，进而从根本上解决"三农"问题。"三农"问题解决了，中国的小康问题、现代化问题、民富国强问题等也就基本解决了。美丽乡村建设的要求是既能保持乡村的田园景观、自然风貌和农居特色，同时又有城市的基础设施和服务体系，达到"美村富民，强基固本"的目标。

织绘美丽乡村，筑就美丽中国。在新时代，美丽乡村开启了新的征程。乡村振兴的宏愿纵使道阻路长，但行必将至。美丽乡村建设发展的福泽也将以春风化雨的方式惠及万千民众，给神州大地带来万千新气象。

# 第一章 | 继往开来 美丽乡村之发展背景

## 一、千锤百炼的新理念

### 1. 美丽乡村的"前尘旧事"

自古以来，农业始终是国民经济的命脉。早在7000年前，我国就进入了农耕时代，对农业发展一直高度重视。因为农业一直是国民经济的基础，农业生产提供的基本生活资料是人类社会生存和发展的首要前提，农业部门创造的剩余产品是社会其他生产部门存在和扩大的重要基础；作为农业大国，农村现代化对整个国家现代化目标的实现具有至关重要的作用，而农村作为农业的载体自然而然地也更加受到重视。

（1）周作人的"新村"执念

周作人赴日留学主要是受了鲁迅的影响。在那个战乱的时代，为了唤醒国民的冷漠麻木，鲁迅弃医从文，而与他同去日本的周作人则找到了他心中理想的"新村主义"。

1910年，日本白桦派文学团体开始活动。白桦派代表人物武者小路实笃说"白桦运动就是探讨个人应当怎样生活"，这与周作人心中所想不谋而合。同年，《白桦》杂志开始宣传新村主义，此后，白桦派又创办了《新村》。新村主义提倡"人的生活"，即新村的生活。"新村提倡协力的共同生活；赞美协力，又赞美个性；发展共同的精神，又发展自由的精神"。新村主义幻想着"这样的新村为实验园地，进而推广到全世界"。

图 1-1　周作人

图 1-2　新青年第五卷

1918 年 12 月，白桦派的"新村运动"从宫崎县的深山中开始，周作人很早就参与了运动。很快，1918 年 12 月 15 日《新青年》第五卷第六号上，发表了一篇周作人的标志性文章——《人的文学》。文章分三部分，第三部分才谈文学，之前都是在谈正当的人应该过什么样的生活。而正当的生活，就是通过"新村"来展示的[1]。

周作人一直想亲身去日本的新村看看，而在他去日本之前，就在1919年4月出版的《新青年》第六卷三号上发表了《日本的新村》一文。这是中国关于日本新村运动的最初介绍。其实周作人只在新村待了三四天，他并不了解的是日本新村当时是靠着武者小路实笃的稿费在维持，由于原住村民看见这些奇怪的外乡人而悄悄提升物价，导致十几人每日即使正常劳作也无法维持正常开销，但当时的周作人已然陷入要将"新村"推广至全世界的巨大热情中。他回国后，马上成为中国"新村运动"最积极的鼓吹者与组织者。周作人以空前的热情与干劲，到处做报告，写文章。仅一年间，他就写出了七八篇关于新村的文章，迅速掀起一阵"新村热"。在所有的文章或演说中，周作人反复强调一点，即新村的理想，简单地说就是人的生活。

◆ "新村主义"的发展

1920年2月，周作人在自己位于北京西直门八道湾十一号的家宅办起了新村支部。他在《新青年》上发布启事："凡有关于新村的各种事务，均请直接通信接洽。又如有欲往日向，实地考察村中情形者，本支部极愿介绍，并代办旅行的手续。"一时间，因新村而到来的人络绎不绝。有意思的是，"新村运动"最坚决的支持者竟然是中国第一批马克思主义者，中国共产党的早期领导人——从年长一辈的李大钊，到年轻一代的毛泽东、蔡和森、恽代英等。1920年4月7日，尚在北京大学做临时员工的毛泽东曾拜访过周作人，求教"新村主义"。彼时，毛泽东起草完建设新村的计划书，并拟在湖南长沙岳麓山实施这一计划。时年26岁的毛泽东是这样设计他的理想社会的——以农业、手工业为基础，以和谐为特征，共同劳动、共同学习、财产公有、平均分配，人人皆有实现其梦想的权利。毛泽东曾发表文章说"我数年来梦想新社会生活而没有办法"，最后终于找到了新村。1920年12月后，"新村主义"逐渐沉寂了。"新村主义"的理想依然美好，但苦于无法实践下去。这最初的"新村"，就是现在美丽乡村的雏形。

(2) 晏阳初、梁漱溟、卢作孚"救济农村即拯救国家"

百年来，以农村凋敝为表象的"三农"问题一直是中国转型发展的一大顽疾，也是东方世界在西化浪潮下面临的重大问题。20世纪二三十年代，以晏阳初、梁漱溟、卢作孚等人为代表的知识分子，在全国范围内掀起了一场规模大、时间长、涉及面广的乡村建设运动。

1926年，晏阳初本着"解除苦力之力、开发苦力之苦"的精神，率领一批有志之士及其家属来到河北定县农村安家落户，推行平民教育，启发民智为主，以带动整个乡村建设。这批人中，不少是留学美国的博士、硕士，或国内大学的校长、教授。晏阳初认为中国农民普遍存在"愚、贫、弱、私"四大病害。他提出要以学校、社会、家庭三位一体连环教育的三种方式，实施四大教育。遗憾的是，由于日本帝国主义侵华中断了实验。晏阳初毫不气馁，又在重庆北碚创办了中国乡村建设学院，继续为乡村建设培养人才。

### ◆ 晏阳初提出的"引进人才、三位一体"连环教育

以文艺教育治愚，以生计教育治穷，以卫生教育治弱，以公民教育治私，以此达到"政治、经济、文化、自卫、卫生、礼俗"六大建设。在晏阳初的主持和带动下，"博士"们把定县作为"社会实验室"，认真进行社会调查，扫除文盲，开办平民学校，推广合作组织，创建实验农场，传授农业科技，改良动植物品种，倡办手工业和其他副业，建立医疗卫生保健制度，还开展了农民戏剧、诗歌民谣演唱等文艺活动，受到农民的欢迎。

梁漱溟所主持的山东乡村建设实验，一度成为全国乡村建设的中心之一。他认为中国是农村大国，要改造中国，必须针对其"伦理本位，职业分途"的特殊社会形态，从乡村着手，以教育为手段来改造社会。为此，他撰写了《乡村建设大意》《乡村建设理论》《答乡村建设批判》等一系列著作，阐明他的乡村建设理论。

### ◆ 梁漱溟提出的乡村建设方案与实验步骤

建设方案：把乡村组织起来，建立乡农学校作为政教合一的机关，向农民进行安分守法的伦理道德教育，达到社会安定的目的；组织乡村自卫团体，以维护治安；在经济上组织农村合作社，以谋取乡村的发展，即"乡村文明""乡村都市化"，并达到全国乡村建设运动的大联合，以期改造中国。

实验步骤：一是实施政教合一，建立乡农学校；二是推行社会改良，如禁烟、禁赌、放足、办合作社等；三是组织乡村自卫，维护社会治安。不久，实验因日本

侵华而被迫中断，但在发展农村教育，培养农业人才，传授和推广农业技术，进行农村行政组织改革等方面，取得了很大成绩。

卢作孚是我国著名的爱国实业家、教育家和社会活动家。他创办的民生实业股份有限公司，"崛起于长江，争雄于列强"，成为新中国成立前最大的民族资本航运企业，被毛泽东赞誉为发展我国民族工业不能忘记的四位实业界人士之一。1927年，卢作孚出任峡防局局长，开始着手他以北碚为中心的乡村建设实验。

图1-3　卢作孚

图1-4　卢作孚创建的中国西部科学院

## ◆ 卢作孚的乡村建设实验

卢作孚乡村建设实验的宗旨十分明确，目的不仅是改善或推进乡村的教育事业，还包括如何去救济乡村里的穷困或灾变。可以说，"乡村现代化"是卢作孚乡村建设的最高目标。十几年间，他修建铁路、治理河滩、疏浚河道、开发矿业、兴建工厂、开办银行、建设电站、开通邮电、建立农场、发展贸易、组织科技服务等等。在北碚综合经济实力迅速增长的同时，文化、教育、卫生、市容市貌建设也取得了一定的进步，致使北碚很快就发生了巨大变化。由于北碚矿产丰富，卢作孚因地制宜，以交通运输为龙头的模式进行乡村建设，修建了四川第一条铁路——北川铁路，使日运量由200吨迅速提高到2000吨，煤矿得到大发展，成为抗战时期的主要燃料供应基地，有力地支援了抗日战争，并使北碚在短短的20年间，就从一个穷乡僻壤变成了一个"具有现代化雏形"的城市。

晏阳初、梁漱溟、卢作孚三人被称作"民国乡建三杰"。他们不仅生在同一年，是互为知己的好朋友，而且他们在乡村建设的理论和实践上，都强调应注意中国传统文化，以及中国的国情和特色，反对生搬硬套外国模式，为今天的美丽乡村建设做出了近乎一个世纪的榜样。

## 2. 美丽乡村的"懵懂发芽"

20 世纪 50 年代即新中国建立初期，我国就已开始提出并使用过"社会主义新农村"的概念。

1958 年 3 月，中共中央政治局成都会议通过了《关于把小型的农业合作社适当地合并为大社的意见》。意见指出，为了适应农业生产的需要，在有条件的地方，把小型的农业合作社有计划地适当地合并为大型的合作社是必要的。会后，各地农村开始了小社并大社的工作，有的地方出现了共产主义公社、集体农庄，有的地方出现了"人民公社"。但当时社会生产力太低，社会温饱问题尚未解决，人民公社和农业合作社的出现主要还是为了解决温饱问题。而此后紧接着"文化大革命"的开展导致本身处于发展初期的农业生产遇挫而停滞不前。

1964 年 1 月在关于动员城市知识青年上山下乡的决定中，国家号召广大知识青年立志"建设社会主义的新农村"，积极下乡参加农业生产。显然，这里的"社会主义的新农村"概念不过是一个号召或政治口号。在经历了改革以后，新农村的提法在中央文件中最早见于中发〔1981〕13 号文件，其中提出"建设一个农、林、牧、副、渔全面发展，农工商综合经营，环境优美，生活富裕，文化发达的新农村"。

此后，中共中央 1983 年 1 月发出《当前农村经济政策的若干问题》，经过一年的试行之后，取得了明显的成效。1984 年中央一号文件《关于一九八四年农村工作的通知》提出要坚持基本目标、方向和政策，团结亿万农民，为建设社会主义新农村而奋斗。1992 年党的十三届八中全会决议和 1998 年党的十五届三中全会《关于农村和农村工作若干重大问题的决定》都提到过"建设社会主义新农村"问题。

1999 年，林毅夫认为当时中国正面临着严重的产能过剩，以及由此会引发通货紧缩。他同时认为，这个问题的解决，关键在于启动农村消费市场。随即在

2001年末，林毅夫主张开展"新农村运动"。可以说林毅夫是新中国最早提出新农村建设理论的学者。

2003年7月，最早提出当代中国"三农"问题的学者温铁军与河北翟城（晏阳初曾经从事乡村建设的旧址）村民集资建造了中国第一个免费培训农民的建设学校，试图以改良、实干的方法重拾当年精神遗产。学院的建造旨在将农民集中组织起来进行培训，使他们有能力建设本乡本土，也能就地解决剩余劳动力。此次实践被国内外学术界称为中国新农村建设的开始。

图1-5　河北翟城晏阳初乡村建设旧址

### 3. 美丽乡村的"开花结果"

自2003年开始，我国的乡村建设逐渐步入正轨，无论从经济建设，还是从精神文化方面都开始全面地发展起来。

2005年10月，党的十六届五中全会提出建设社会主义新农村的重大历史任务，并提出了"生活发展、生活宽裕、乡风文明、村容整洁、管理民主"的具体要求。社会主义新农村要求不断壮大集体经济、增加村财政收入，进而更好地为农民办实事，带领农民致富，推动"美丽乡村"建设向更高层级迈进，真正成为惠民利民之举[2]。

"十一五"到"十二五"期间，国内各省纷纷响应十六届五中全会号召，为加快社会主义新农村建设，制定美丽乡村建设计划并付诸行动。如 2008 年浙江省安吉县正式提出"中国美丽乡村"计划，计划用 10 年左右时间将安吉打造成中国最美乡村；2011 年广东省花都、增城等市县也启动美丽乡村建设计划；2012 年海南省也明确提出推进"美丽乡村"工程。此时，"美丽乡村"已成为社会主义新农村的代名词，全国各地掀起了"美丽乡村"建设的新潮。

2012 年 10 月，党的十八大报告提出，要大力推进生态文明建设，努力建设美丽中国，实现中华民族永续发展；要推动城乡发展一体化，形成以工促农、以城带乡、工农互惠、城乡一体的新型工农、城乡关系。2013 年 1 月，党的十八届三中全会提出要建设美丽中国，形成人与自然和谐相处的新格局，要实现这个目标，首先要解决广大农村基础设施薄弱和环境脆弱的问题。同年，中央一号文件也提出：加强农村生态建设、环境保护和综合整治，努力建设美丽乡村。次年的中央一号文件又再一次提出要大力整治农村居住环境，并在 3 月出台的《国家新型城镇化规划（2014—2020 年）》中明确提出，要建设各具特色的美丽乡村。

2017 年，党的十九大报告提出乡村振兴战略，以及"产业兴旺、生态宜居、乡风文明、治理有效、生活富裕"的总要求，加快推进农村农业现代化。习近平总书记强调："文化是一个国家、一个民族的灵魂。文化兴国运兴，文化强民族强，没有高度的文化自信，没有文化的繁荣兴盛，就没有中华民族伟大复兴。"与 2005 年中央提出的社会主义新农村建设"生产发展、生活宽裕、乡风文明、村容整洁、管理民主"20 字方针相比，乡村振兴战略提出的"产业兴旺、生态宜居、乡风文明、治理有效、生活富裕"20 字方针，进一步丰富了内涵、提升了层次。2018 年 9 月，中共中央、国务院印发《乡村振兴战略规划（2018—2022 年）》，分三十七章全面阐述了我国乡村振兴战略实施的总体要求、发展目标与规划要点。由此来看，美丽乡村的建设正是新农村建设的升级版，是未来乡村建设的定位和目标。

## 二、吐故纳新的新内涵

美丽是所有一切能够使人产生美好心情或身心舒畅的事物。乡村是农民集聚定居的空间形态，是农民生产生活的聚集地，是农村经济社会发展的基本载体。而美丽乡村是依托农村空间形态，遵循社会发展规律，坚持城乡一体发展，农民群众广泛参与，社会各界关爱帮扶，注重自然层面和社会层面，形象美与内在美有机结合，不断加强农村经济、政治、文化、社会和生态建设，不断满足人们内心感受又不断实现其预期建设目标的一个循序渐进的自然历史过程[3]。

任何事物的发展都不是一蹴而就的，历经六十多年，"美丽乡村"的发展模式和内涵在不同的时期也有着不同的解读。

### 1. 借鉴时期的农家乐经济

19世纪欧洲各大贵族开始有定期到乡村休闲度假的习惯，因此欧洲乡村庄园或城堡中的一部分开始被改造成度假游玩的酒店，并提供给游人参观游览、参与务农等活动，此后"农家乐"便悄然兴起。但此时处于起始阶段的"农家乐"只是上流社会贵族的休闲娱乐活动，并未普及到民众。20世纪80年代起，我国开始模仿"农家乐"的形式开展乡村旅游活动，其主题内容为"住农家屋、吃农家饭、干农家活、享农家乐"，被大家简称为"农家乐"。

"农家乐"可以划分为三个发展阶段：(1)赏乐游玩的萌芽阶段。"农家乐"的旅游形式始于1987年休闲之都的成都市龙泉驿书房村传统节日"桃花节"。当地以优美的自然风光为媒介吸引城市居民来参观，并在此后提供农家餐点，以"赏农家风光，食农家饭菜"为特色，开启了初期阶段的农家乐形式。以此为例，之后国内的诸多乡村为满足其经济发展，逐渐出现类似的农家乐模式。这种模式大多依赖自身优越的地理条件，以"靠山吃山"这种简单的资源利用方式来进行单一的乡村发展。(2)躬身亲历的起步阶段。20世纪90年代后，出现了通过开放庄园果园等，游客可观光并亲身采摘蔬果的"农家乐"形式。这种形式给了不具备优秀自然旅游资源的乡村开展"农家乐"的机会，借由城市居民对乡村生活和农业景观的好奇，结合乡村产业和旅游资源，拓展参与农事活动，提高了游客的参与度和趣味性。改变了单一的服务方式，增加了新的乡村体验。(3)综合特色的高速发展阶段。21世纪之后，"农家乐"的发展形式不仅仅只限于普遍的农庄体验，更多的是综合当地风土人情和民俗文化，结合其自然风光，融入现代健全的服务设施，以其丰富的乡风文明吸引游客。这一阶段的"农家乐"典型特征之一是引入科学规划，从而改变了原来随机、零散、缺乏系统思考的建设模式；其次是大大拓展了"农家乐"的范畴和思路，进一步明晰了乡村发展"农家乐"的潜力。

"农家乐"经历了不同时期的演化，在乡村建设中具有重要的地位，并将在未来相当长的时期内仍会扮演重要的角色。但就"农家乐"主体而言，"农家乐"的发展仍然更多的是关注单个乡村或依托于单个乡村的特色资源，虽然引进了科学

图 1-6  成都龙泉桃花节

的规划，但着眼点在于乡村的"点式"开发，很少有连片大范围的统一规划[4]。

## 2. 摸索发展的生态文明村

党的十六大报告提出全面建设小康社会目标，指出"推动整个社会走上生产发展、生活富裕、生态良好的文明发展道路"。此后的十七大报告也明确提出了"建设生态文明"的思想。而我国农村长期粗放的发展模式不仅消耗了大量的资源，开垦农田、乱建房屋、乱堆废旧物的陋习也破坏了农村原有的生态环境，正需生态文明建设来改善乡村环境。

生态文明村是一个包括经济、政治、文化教育、科技、环境五方面的综合概念。生态文明村强调把环境建设放在首位，原因在于生态文明提出的根本目的是要通过农村生态环境的改善促进经济政治和文化的协调发展[5]。

综合来看，生态文明村的创建所带来的变化绝不只是农民从低矮的平房搬进了高耸的楼房，而是向传统落后生活方式的告别。

图 1-7　儋州市和庆镇的美万新村

#### ◆ 海南省生态文明村建设实践

2000 年 9 月海南省率先创建生态文明村，创建活动长盛不衰，规模和影响越来越大，截至 2013 年 6 月，累计建成文明生态村 13988 个，占全省自然村总数的 60%。儋州市和庆镇的美万新村是海南第一个文明生态村。过去这里 200 多人的村子跑得只剩下 38 人。自从开始文明生态村建设后，原先随地放养的猪入了圈，村里的水源清洁了，泥泞不堪的土路也改建成了光洁的水泥路；原先随处可见的垃圾被新种植的花草树木所代替。村民们在山上种胶，山中造林，山脚和房前屋后种果树，在水面养鸭，鸭粪养鱼；山坡上养牛羊，庭院内养猪、养鸡，还建起了沼气池、卫生厕所和太阳能设施。人畜粪便被冲入沼气池内，变成沼气做饭照明，沼液成为优质的有机肥。自此，美万新村从贫困村扶摇直上成为全市的"首富村"[6]。

### 3. 更新阶段的美丽乡村

自 20 世纪 80 年代改革开放以来，我国上至国家下至村庄，都在积极地探索乡村建设。无论是以点为主，村民自发组织的"农家乐"乡村发展，或是由政府主导建设的生态文明村，还是地方响应中央，自发修建的乡村公园和绿道都是对"美丽乡村"建设的探索。

　　正因为在"农家乐"、文明生态村等模式的探索中积累了大量的实践经验和教训，现阶段的美丽乡村建设模式正是对以上各前期模式的融合。美丽乡村是生产美、生活美、环境美的统一，其内涵至少包含三大基本层面：

　　（1）经济富裕是根本。美丽乡村建设是现阶段农村全面建成小康社会的主要抓手，是社会主义新农村建设的升级版，美丽乡村应建立在农村经济高度发展这一根本基础上。只有形成了雄厚的经济基础，才能建设好基础设施、漂亮的住宅，才能住得好、吃得好、用得好，真正建成美丽乡村。

　　（2）良好的生态环境是前提。推进美丽乡村建设，生态环境保护是必须坚持的底线。习总书记讲过："要看得见山，望得见水，记得住乡愁。"着力建设优美的生态环境，是美丽乡村建设的前提。山清水秀，环境宜人，良好的生态环境不仅利于村民生产生活，更为良性持续发展提供后劲与动力。

　　（3）文化美是灵魂。美丽乡村不仅在于环境宜人，更在于乡村道德秩序符合现代人的理性预期。文化是美丽乡村的灵魂，文化是长期发展竞争的软实力。乡村文化有不同于城市文化的特色和魅力，它是深厚的中华传统文化、地方民俗、农业文明和现代工业文明的综合体。乡村文化发展的主题，就是要把传承优秀传统文化和文化创新结合起来，形成具有深厚历史基础又蓬勃向上、生生不息、特色鲜明的现代乡村新文化[7]。

　　"美丽乡村"是对原有形式的整合和提升，它的建设发展离不开原有的形式。因此，新时期的"美丽乡村"建设应该着眼原有基础、科学规划、合理整合、系统发展。

## 三、顺应时代的新要求

### 1. 民国时期的"前车之鉴"

　　20世纪二三十年代，在中国大地上掀起了一场规模大、时间长、波及广的乡村建设运动。不少忧国忧民、有社会责任感和历史使命感的知识分子，抱着"振兴农业""拯救农村"的强烈愿望，放弃城市优厚待遇和舒适生活，深入农村，来到贫困的农村安家落户，进行乡村改革和乡村建设实验，办教育、改农业、通金融、倡合作、搞公卫、易风俗，对推动农村经济发展、状况改善起到了积极作用。

民国时期乡村建设运动源自当时的列强入侵和军阀混战的社会大环境，加上政府不作为，自然灾害频发等其他因素，导致我国传统的农村经济遭到极大的破坏，面临崩溃。这种情况引起了当时一些忧国忧民的爱国积极分子，如晏阳初、梁漱溟等人的关注。他们不仅在学术界对如何挽救中国农业、如何改变中国农村贫穷落后的面貌进行大讨论，还将其理念付诸行动，在全国各地以不同的方式进行了一场轰轰烈烈的乡村建设实践运动，为中国乡村发展之路提供宝贵的经验。

◆ **民国时期乡村建设四大学术流派**

由于参加这次乡村建设运动的人数、团体众多，其背景、立场又不相同，致使实践的方法和主张也大相径庭，从而形成了不同学术流派，大致可以分为四种：一派主张复兴农村，振兴农业以引发工业，这以章士钊和当时搞乡村建设运动的梁漱溟等人为代表；一派主张发展工业，认为振兴都市工业才能救济农村，这以吴景超、张培刚等人为代表；第三种意见是先农后工，主张首先使农业工业化，在农村培植小规模农村工业作为向工业社会的过渡；第四种是调和论点，主张农工并重，提出发展民族工业和实行民主主义的计划经济等等[8]。综合来看，各流派的侧重虽有不同，但大多都更侧重于教育，重在平民教育或者职业培训。

乡村建设运动的目的，是要通过兴办教育、改良农业、流通金融、提倡合作、公共卫生和移风易俗等措施，来复兴日趋衰落的农村经济，从而实现所谓"民族再造"或"民族自救"。但因为乡村建设运动的改良性质，它没能也不可能解决外国农产品大量倾销、土地分配严重不均和农民负担过于沉重这三个问题，它复兴农村经济的目的自然也就无法实现。就此而言，乡村建设运动是一次失败的运动。然而，尽管复兴农村经济、实现"民族再造"或"民族自救"的目的没有达到，但这种方向和精神值得充分肯定。这也是乡村建设运动的重要意义[9]。

民国时期乡村建设运动受到当时社会背景的影响而失败，但其关注"三农"问题却与今日不谋而合，虽然目的和性质有很大的不同，但其方式、方法、经验及教训等都给未来的社会主义新农村建设提供了丰富的参考意见。

## 2. 改革开放后的"经验积累"

"社会主义新农村"的概念，早在 20 世纪 50 年代我国制定"二五""三五"计划时就提出过。在改革开放后的 1982 年、1983 年、1984 年的中央一号文件，

1987 年的中央五号文件，1991 年的中央一号文件也都有提到。"社会主义新农村"的乡村发展方式开始反复被提起，但每一次出现都不是一个简单的重复，而是在不同的历史背景下对当时农村发展的重要探索[10]。

党的十六届五中全会提出"生产发展、生活宽裕、乡风文明、村容整洁、管理民主"20 字的目标和总体要求。这 20 字的要求可理解为：（1）生产发展，是新农村建设的中心环节，是实现其他目标的物质基础。建设社会主义新农村好比修建一幢大厦，经济就是这幢大厦的基础。如果基础不牢固，大厦就无从建起。如果经济不发展，再美好的蓝图也无法变成现实。（2）生活宽裕，是新农村建设的目的，也是衡量我们工作的基本尺度。只有农民收入上去了，衣食住行改善了，生活水平提高了，新农村建设才能取得实实在在的成果。（3）乡风文明，是农民素质的反映，体现农村精神文明建设的要求。只有农民群众的思想、文化、道德水平不断提高，崇尚文明、崇尚科学，形成家庭和睦、民风淳朴、互助合作、稳定和谐的良好社会氛围，教育、文化、卫生、体育事业蓬勃发展，新农村建设才是全面的、完整的。（4）村容整洁，是展现农村新貌的窗口，是实现人与环境和谐发展的必然要求。社会主义新农村呈现在人们眼前的，应该是脏乱差状况从根本上得到治理、人居环境明显改善、农民安居乐业的景象。这是新农村建设最直观的体现。（5）管理民主，是新农村建设的政治保证，显示了对农民群众政治权利的尊重和维护。只有进一步扩大农村基层民主，完善村民自治制度，真正让农民群众当家做主，才能调动农民群众的积极性，真正建设好社会主义新农村。

自"社会主义新农村"的概念提出之后，全国及地方政府逐渐开始制定建设"社会主义新农村"的计划并发展出了不同的模式。从 1987 年开始为了满足乡村自身经济发展而诞生的以单个乡村或单个乡村特色为主的"农家乐"模式，发展到后期区域化、特色化的"农家乐"，以及为响应党的十六大而诞生的"生态文明村"模式。这些模式的探索发展和经验积累都为未来建设"美丽乡村"打下了坚实的基础。

### 3. 全新阶段的"融合升级"

自十六届五中全会提出建设"美丽乡村"之后，党的十八大提出了"美丽中国"的全新概念，强调必须树立尊重自然、顺应自然、保护自然的生态文明理念，明确提出了包括生态文明建设在内的"五位一体"社会主义建设总布局。贫穷落后中的山清水秀不是美丽中国，强大富裕而环境污染同样不是美丽中国。只有实现经济、政治、文化、社会、生态的和谐、持续发展，才能真正实现美丽中国的建设目标。

要实现美丽中国的目标，美丽乡村建设是不可或缺的重要部分。2013 年中央一号文件第一次提出了要建设"美丽乡村"的奋斗目标，进一步加强农村生态建设、环境保护和综合整治工作。事实上，农村地域和农村人口占了中国的绝大部分，因此，要实现十八大提出的美丽中国的奋斗目标，就必须加快美丽乡村建设的步伐。加快农村地区基础设施建设，加大环境治理和保护力度，营造良好的生态环境，大力增加农村地区经济收入，促进农业增效、农民增收。统筹做好城乡协调发展、同步发展，切实提高广大农村地区群众的幸福感和满意度。2017 年党的十九大报告明确指出：实施乡村振兴战略，要坚持农业、农村优先发展，加快推进农业、农村现代化；要坚定走"生产发展、生活富裕、生态良好"的文明发展道路，建设美丽中国，为人民创造良好的生产、生活环境。党的十九大以来，各地加快新农村建设，建设美丽乡村，让乡村更美、环境更好、村民更富。

由此可见，"美丽乡村"的建设已经明确成为融合先前社会主义新农村各形式的新模式，对"美丽乡村"的发展要求则应包括以下几种：（1）因地制宜开展美丽乡村建设模式设计。在进行美丽乡村建设规划、方案设计，以及后期监测评估的过程中，都要以当地资源禀赋和经济条件等实际情况为基础。不能盲目拷贝已有的模式和经验，避免"千村一面"的现象。（2）以系统论的观点指导美丽乡村建设模式设计。乡村本来就是个复合生态系统，如果只考虑某个生态位、某个子系统，结果必然导致系统失衡。美丽乡村建设不仅仅是基础设施改造，更重要的是创建一个和谐的乡村自主经营、自主管理和自主发展的运行机制。（3）政府－科研－企业－农民"四位一体开展美丽乡村建设。要避免国家提出生态文明战略之后，政府开始主导美丽乡村建设，忽略了科技、市场和农民的参与功能，结果主导变成包办，导致美丽乡村建设效率低下。应由政府制定规划和建立机制，科技人员提供技术咨询和服务，企业负责实施和推广，农民自主管理和受益，最终形成"政府引导、科技支撑、市场运作、农民受益"的美丽乡村建设新格局[11]。与此同时，要积极引导并大力支持专业机构开展公益性质的乡村规划设计工作。

习近平总书记在 2013 年年底召开的中央农村工作会议上强调："中国要强，农业必须强；中国要富，农民必须富；中国要美，农村必须美。建设美丽中国，必须建设好'美丽乡村'。"美丽乡村建设是美丽中国建设的重要组成部分，是全面建成小康社会的重大举措，是在生态文明建设全新理念指导下的一次农村综合变革，是顺应社会发展趋势的升级版的新农村建设。

## 参考文献

［1］孙冉.周作人：梦断"新村主义"［J］.中国新闻周刊，2009(15)：37－38.

［2］王卫星.美丽乡村建设：现状与对策［J］.华中师范大学学报，2014(1)：1－6.

［3］李克明.美丽乡村提出的过程、意义及内涵［N］.毕节日报，2014－09－25：2.

［4］王鑫，解馨瑜，杨定海."美丽乡村"建设历程及发展内涵研究［J］.华中建筑，2016(7)：84－87.

［5］李蕾，塔莉.生态文明村的内涵及其建设方法初探［J］.科技信息，2009(22)：342－343.

［6］王晓樱，魏月蘅.海南文明生态村谱写绿色新篇章［N］.光明日报，2013－07－07：1.

［7］黄昕欣.美丽乡村的基本内涵与建设路径［J］.劳动保障世界，2017(24)：75－77.

［8］罗荣渠.从"西化"到现代化［M］.合肥：黄山书社，2008.

［9］刘齐.民国时期乡村运动对建设社会主义新农村的启示［J］.山东省农业管理干部学院学报，2010(3)：37－38.

［10］郭杰忠，黎康.关于社会主义新农村建设的理论研究综述［J］.江西社会科学，2006(6)：217－225.

［11］郑向群，陈明.我国美丽乡村建设的理论框架与模式设计［J］.农业资源与环境学报，2015(2)：106－115.

# 第二章 | 开拓进取 美丽乡村之发展现状

## 一、欣欣向荣的新村貌

### 1. 名家眼中的"乡村建设"

"乡村建设"在欧美等西方国家有时也被称为"乡村发展"或"乡村变迁"[1]。

根据世界银行所做出的阐释：乡村发展是一个提高乡村贫困农民生活水平的过程。国家在努力改善贫困群体的生活水平，发展的覆盖面最终将延伸到农户和失地者。Raanan Weitz 在《变迁世界的乡村发展》一书中提出，乡村发展主要是在经济水平相对落后的国家中推进，它可以成为不断推动经济增长的新途径。

在我国，有专家认可"乡村建设"这一概念是由山东省乡村建设院提出的。当时的第一任院长梁耀祖解释说，当时乡村环境面临严重恶化的局面，想要改变当时的社会格局，解决"三农"问题的核心就在于乡村建设。民国时期著名学者梁漱溟也认为"乡村建设"这个名词既解释明确同时也具有正面含义，1931 年时已经被大众所普遍接受[2]。晏阳初认为，乡村建设在整个体系中的建设具有重要作用，它包括政治、经济、文化、科技等诸多环节，所有环节整合发展的过程就是整个乡村建设的过程。综合来看，对于处在不同的历史时期和地域的人来说，人们对于"乡村建设"这样一个社会实践活动的理解也会略有不同。新中国成立以前，知识分子的"乡村建设说"与当今社会所理解的含义十分相近，即援助乡村、建设乡村新文化，包括社会、文化、经济、政治等方面。

图 2-1　我国著名学者梁漱溟（左）、晏阳初（右）

## 2. 乡村建设之取经国外

从国外来看，各国纷纷结合实际探寻了适合本国国情和经济状况的乡村规划模式，如韩国的"新村运动"、日本的"造村运动"、德国的"村庄更新"、美国的"特色乡村"，等等。

（1）韩国的"新村运动"

"新村运动"的目的就是为农民增加经济收入，改善他们的生活环境，创建新型乡村社区。"新村运动"中，为了调动农民积极性与主动性，韩国政府采取了一系列措施。例如，在进行基础设施建设方面，政府为乡村道路的建设免费提供水泥；在提高经济水平方面，地方政府为乡村提供建设项目，并且根据效益的多寡实施嘉奖，极大地提高了村民建设的积极性，鼓舞了"新村运动"参与者的热情与士气。同时，"新村运动"给予村民高度的自主权，村民们自己决定要建什么、先建什么。这一系列措施实现了村民与政府之间的良性互动，政府的扶持政策为村民提供了建设的动力与保障。"新村运动"的开展与实施改变了韩国乡村破旧落后的面貌，农民的生活得到了极大的改善[3]。

图 2-2　韩国新村运动时期照片

表 2-1　韩国新村运动组织等级表

|  | 协议会（委员会） | 委员长 | 委员 |
|---|---|---|---|
| 中央 | 新村运动中央协议会 | 内务部长官 | 各部会员（22 人） |
| 市·道 | 市·道新村运营协议会 | 市长、道知事 | 有关机构人员（30 人左右） |
| 市·郡 | 市·郡新村运营协议会 | 市长、郡守 | 有关机构人员（15 人左右） |
| 邑·面 | 邑·面新村运营协议会 | 邑·面长 | 有关机构人员（15 人左右） |
| 里·洞 | 里·洞新村运营协议会 | 里长、新村领导人 | 居民代表（30 人左右） |
| 村庄 | 村会 | 领导人 + 负责<br>公务员、村户户主 |  |

（2）日本的"造村运动"

"造村运动"把农业、乡村、农民放在同等的位置，注重三者的同步协调发展。在乡村建设上，注重村庄现有资源的综合利用，大力发展地方特色产业，强调地方品牌[4]。"一村一品"是日本"造村运动"最具代表性的模式，它强调实现乡村的自我价值与个性特色，即在政府引导与扶持下，依据自身的条件和优势，探索出适合本地域特色的乡村发展模式。日本乡村建设的快速发展离不开政府的大力支持和居民的积极参与，即政府提供政策、资金、技术上的支持，在宏观上予以指导；而居民的积极参与加深了其对乡村建设的了解，使乡村建设得以顺利开展。

图 2-3　日本"造村运动"发起者平松守彦

(3)德国的"村庄更新"

"村庄更新"的主要理念是城乡生活等值化,其目标是合理利用土地资源,改善乡村不合理的土地结构,对乡村土地进行整理,将分散的土地集中起来重新规划,打造现代化农业。在乡村基础设施建设方面,注重对乡村道路的修护改善;在村落建设方面,根据地方文化和风俗重新审视乡村形态和居民建筑形态,力图建设富有地方特色与自身文化特征的村落形式。相比较其他的乡村建设行为来看,德国的"村庄更新"更加注重乡村的生态、文化与休闲功能[5]。

图 2-4　德国"村庄更新"运动后乡村一隅

### 3. 我国乡村的建设成效

截止到 2016 年年底，我国乡村人口达 58973 万人，占全国总人口的 42.7%[6]，在全国人口比重中占有举足轻重的地位。从人口占比、经济水平、生活条件等诸多方面来看，我国乡村建设均取得了较为显著性的成效。

（1）经济水平

截止到 2017 年末，我国乡村居民人均可支配收入达到 13432 元，比 2016 年增长 7.3%。全国各地乡村纷纷调整产业结构、坚持绿色发展，粮食产量实现了稳中有升，农业也有了更好的发展前景。

图 2-5　2017 年部分农业经济数据（来自 2017 年中国经济年报）

近年来，伴随着农业科技含量与水平的提高，农作物产量也有着明显的增幅。截止到 2017 年底，我国粮食产量达到 12358 亿斤（1 斤 =0.5 公斤），大豆种植面积增加 871 万亩(1 亩 =0.0667 公顷)；牛肉和羊肉产量分别增长 1.3% 和 1.8%；果菜茶等"菜篮子"工程农产品储量丰富，供应充足，优质的绿色农产品产量显著增加。同时，产业结构优化升级，农产品加工业提质增效，全年农产品加工业主营业务收入达到 21 万亿元；农业、乡村电子商务的发展进入快速增长期，农产品网络零售交易额保持两位数增长；休闲农业和乡村旅游业蓬勃发展，营业收入近 6200 亿元。新兴产业和新模式已成为农业和乡村经济发展的增长极。

未来几年，乡村振兴战略的启动与深入推进将为我国农业发展提供更大的战略机遇，第一产业投资总量将持续扩大，投资领域将进一步向优质农产品生产、休闲农业和乡村旅游、乡村电商等新型农业经济活动倾斜[7]。

(2)生活条件

随着乡村居民经济水平的持续提高，乡村居民的生活质量也日益提升，小日子越过越红火，生活条件也发生了翻天覆地的变化。

1)新房拔地起，宽敞又明亮。整体上看，那些存在于我们印象中低矮的土坯房、破旧的小木屋早已不复存在，取而代之的是一幢幢整齐而又富有地方特色的村民住宅。纵向对比，往前几十年，乡村经济发展较为落后，村民收入不高，住宅也是简陋破败。夏天的时候，往往是屋外大雨瓢泼，屋内小雨淅沥。现如今，家家户户都住进了坚固耐用的大瓦房，稍富裕的人家还住上了二层小楼。有些村民说道："现在乡村生活条件好，一点也不比城里差。"

图 2-6　过去的旧房与现如今的新房形成鲜明对比

2)家用电动车、摩托车成为代步工具，面包车、小轿车也来"凑热闹"。早些年间，乡村因为道路不通，很少有社会车辆驶入。再加上村民没有太多的闲钱，脚走肩扛也就成了乡村出行的普遍方式。现如今随着"村村通"政策的实施，村内道路基本完成硬化。村里人出门乘坐摩托车、电动车，一眨眼的工夫就到达目的地了。不仅如此，有越来越多的村民购置了小轿车。

图2-7　小轿车、电瓶车在现在的乡村里随处可见

3）餐桌上荤素搭配，饮食讲究绿色健康。改革开放40年来，农民的生活质量有了显著改善，村民餐桌上的食物也不断升级换代。十年前，逢年过节的时候能吃上鸡鸭鱼肉，那叫"富裕"。而近几年随着健康、绿色、养生等理念的普及，广大乡村居民也都开始追求绿色健康的饮食。

图2-8　现如今乡村餐桌上的绿色蔬菜

4）家用电器一应俱全，生活轻松舒适。现如今的村民家中大都装有彩电，也大都配有电冰箱、洗衣机、电饭锅、微波炉等家用电器。回想几十年前，冬天洗衣服妇女手冻得通红皲裂，洗好的衣服更是好几天晒不干；夏天的生鲜蔬菜总因温度高而又没有冰箱导致腐烂变质；妇女整天围着锅台转，丝毫没有空闲，而随着家用电器的普及，妇女的日常劳动强度大大减轻，她们也有了自己的娱乐、休闲时光。

图 2 -9　村民家中电器一应俱全

5）乡村医疗保险体系不断完善。一直以来广大乡村居民都害怕家里人生病受伤，尤其是家中的老人和孩子。但家中有人生病住院花钱的现象又是不可避免的，村民因病返贫的现象很多。最近几年国家相关政策相继出台，在乡村医疗保险方面做了大量改革，投入了大量资金，通过入乡村医保，村民受惠颇多。例如，2018 年新农合医保标明，门诊费在镇卫生院报销比例为40％；在村卫生室、卫生所报销比例更是高达60％。

（3）基础设施

党的十九大描绘了新时代乡村发展的宏伟蓝图，提出实施乡村振兴战略，加快推进农业乡村现代化，为"三农"发展指明了方向。近年来，随着我国乡村建设力度不断加强，乡村基础设施建设也在逐步完善，如电话电视网络等数字信号也已经在乡村实现了基本覆盖，多项基本社会服务在全国乡村范围内也近乎实现了全覆盖。截止到2016 年末，绝大多数乡村都建立了现代化交通和相关的通信、能源基础设施，教育医疗保障也变得更加完善，整体达到了学有所授、病有所医的目标。

◆ **乡村基础设施的分类**

　　按照服务性质的不同进行划分，乡村基础设施大致可以分为生产性基础设施、生活性基础设施、人文基础设施以及流通性基础设施等四大类。生产性基础设施主要包括防洪涝设备、水利灌溉、田间道路、气象设施、农业机械设备等为农业生产服务的设施或设备；生活性基础设施主要包括乡村电网、垃圾处理厂、污水处理设施、人畜饮水设施、供热燃气设施；人文基础设施则是用于提高农民素质、丰富农民生活的公益设施，比如教育、医疗、文化娱乐等设施；而流通性基础设施主要包括乡村道路、乡村通信、用于销售农产品以及购买乡村生产资料的流通辅助设施[8]。

图 2-10　医疗保险走入乡村

图 2-11　乡村小学焕然一新

　　经过"十一五""十二五"的大力建设，我国乡村基础设施，特别是生活基础设施建设取得显著成效。以乡村交通道路为例，"十二五"期间，全国5000个建制村建通了公路，近900个乡村和8万个建制村建通硬化路，全国新改建乡村公路超过100万千米，通车总里程约395万千米，基本实现所有乡村通公路和东中部地区建制村通硬化路，西部地区建制村通硬化路比例约80%的目标；全国乡村、建制村通客运班车率超过99%和93.2%。随着美丽乡村计划的展开，越来越多的乡村道路安装了路灯，村内主要道路安装路灯的村占比由2006年末的20%上升到60%，整个村庄亮堂堂的，晚归的村民们再也不怕摸黑走夜路了[9]。因此从整体上看，全国"村村通"目标基本实现，几乎所有乡村都建有与外界相连的公路，并且村级道路整体质量有着显著提高。交通条件的改善，使得乡村与外界的联系更加紧密，村民出行更加便捷，这些都为美丽乡村未来的发展奠定了坚实的基础。

图2-12　"村村通"工程受惠乡村

　　经过多年的电网改造工程，几乎所有乡村都通上了电，并且越来越多的乡村还通了天然气。据统计，截至2016年末，通天然气的村庄占比11.9%。乡村能源设施建设，不仅让广大的乡村居民用上了干净清洁的能源，同时也改善了过去传统村庄使用柴火、煤炭作为能源加剧环境污染的现状。

　　乡村信息基础设施建设则有力推进了宽带网络在乡村的广泛覆盖。据统计，截至2016年末，接通互联网的村庄占比约9成。即便是西部地区接通互联网的村庄占比也近 8 成。网络信号的覆盖，使得乡村居民也可以及时了解全国乃至全世界的实时动态，极大地丰富了村民日常休闲活动。当然，乡村信息基础设施建设更是促进了乡村互联网服务水平的提高，推动了乡村电子商务和网上农副产品销售等新业态的繁荣发展。

习近平总书记说："既要绿水青山，也要金山银山。宁可要绿水青山，不要金山银山，因为绿水青山就是金山银山。"随着美丽乡村建设进程的加快，乡村环境整治范围不断扩大。据统计，到 2016 年末，生活垃圾集中或部分集中处理的村庄占比超过 7 成，其中东部地区超过 9 成，中部地区约 7 成，西部地区约 6 成。相比 10 年前，2016 年末生活垃圾集中处理或部分集中处理的村庄占比提高了近 60 个百分点。到 2016 年末，全国完成或部分完成改厕的村庄占比超过 5 成，其中东部地区超过 6 成，中部和西部地区约 5 成，东北地区不足 3 成，相对偏低。现如今的乡村干净整洁，与我们数十年前那个垃圾肆意堆弃、蚊虫滋生、气味难闻的乡村形象截然相反[1]。

| 河道整治前 | 河道整治后 |
| 垃圾收集点整治前 | 垃圾收集点整治后 |

图 2-13　村庄治理前后对比

---

[1]　李国祥.农村基础设施建设升级，基本社会服务范围扩大[EB/OL].[2017-12-18]. http://www.stats.gov.cn/tjsj/sjjd/201712/t20171218_1564195.html.

党的十九大提出到2020年要坚决打赢脱贫攻坚战，深度贫困地区和贫困人口相对较多的村庄将成为攻坚战中重点攻克的对象。基础设施建设和社会基本服务供给也会得到进一步加强；国家在乡村环境整治中将把垃圾、水体治理和村容村貌整治提升作为主攻方向。在乡村振兴战略推动下，展望未来，相互融合的基础设施和更加健全的社会基本服务格局将进一步巩固和完善，城乡地区间基础设施和社会基本服务差距将基本消除，乡村将变得更加生态、美丽、宜居。

## 二、美中不足的新问题

### 1. 乡村产业单一化

尽管我国在乡村产业发展方面投入了较大的人力、物力，但是由于乡村产业发展基础较为薄弱、产品结构层次低、农产品加工业滞后、农业生产经营方式落后、难以形成规模经营、缺乏科学的区域布局等历史遗留原因，当前我国农业产业结构仍呈现不合理的状态，结构性矛盾也较为突出。

（1）我国农业服务体系发展不均衡，科技、信息等方面的服务稍显滞后。目前，农业服务体系较多地存在队伍臃肿、机制不灵活、负担太重、观念滞后、服务能力低、缺乏创新、市场组织化程度低和经济效益低等问题。如果相关农业服务体系不及时做出相应的改变和调整，将很难适应当今农业市场的发展需求。

（2）农产品流通渠道不畅，农业资源优势难以转化为经济优势。目前，我国乡村地区农产品销售多为个体商贩，规模小且经营状态不稳定，区域市场发育不全，各类生鲜以及大宗农副产品难以及时高效地销售出去。农产品的流通速度达不到要求，往往导致农民的农副产品滞留在手中，造成重大的经济损失。

### 2. 生态环境脆弱化

农业资源相对短缺和生态环境脆弱一直是我国乡村地区面临的严峻现实，再加上我国人均自然资源少，耕地不断缩减、淡水资源匮乏且分布不均、人口持续增加等一系列不可逆转的因素，使得我国部分乡村区域的生态环境仍在继续恶化，也导致我国农业发展可利用的资源日益减少以及受到生态环境日益严重的束缚，粮食安全和生态安全愈发难以得到保证。

当前，我国乡村环境问题仍旧十分突出。随着商品经济的发展以及村民生活水平的提升，我国乡村环境问题将会愈发复杂。这些问题具体表现为：

（1）生态环境遭受破坏。由于受自然和人为两方面因素的影响，乡村局部生态平衡遭到破坏，进而导致整体小范围内生态功能失调，生态调节作用减小，各类自然灾害频发。

（2）农业污染加剧。在农业生产过程中，由于不合理使用农药、化肥、地膜等，土地受到严重的污染。长此以往，不仅会造成农作物减产、品质下降等显著性影响，而且会对土壤、水、生物、大气和人体健康造成严重危害。同时，畜禽养殖业所产生的排泄物、废弃物也会污染乡村自然生态环境，极大地影响乡村居民的日常生活。

（3）村民生活污染严重。随着乡村居民生活水平的提高和生活方式的转变，村内生活垃圾数量与种类也日益增多，难以降解和污染性较大的垃圾所占比例也逐渐增加，且多数乡村没有设立垃圾处理点，生活生产垃圾多随意丢弃、露天堆积；生活污水任意排放，加剧了河流、湖泊的污染程度；生活取暖所产生的大气污染物同样未经处理就排放到空气中，对当地空气环境造成一定程度的污染。

图2-14　乡村生活垃圾随意丢弃与水源污染现象随处可见

（4）工业污染增多。我国乡村工业污染主要来源于两个方面：一是乡村企业污染。我国乡村企业数量众多，并且大部分企业设备简陋、技术落后、能源消耗高且缺乏防治污染的技术与设施。这使得乡村企业在发展的同时也带来了十分严重的污染问题，加重了乡村生态环境的压力。二是城市向乡村转移污染。伴随着近年来城市产业结构调整与转移，一些高能耗、高污染、难治理的企业迁移到乡村，往往造成城市污染向乡村转移，给乡村以及其周边区域的环境带来严重污染。

图 2 - 15　部分企业将"黑手"伸向"手无缚鸡之力"的乡村

### 3. 基础设施落后化

近年来，我国逐年提高了对乡村基础设施建设的投入。但客观来讲，面对广大乡村地区的巨大需求仍稍显不足。一是我国许多农业基础设施老化严重。据统计，全国约有 1/3 的水库带病运行，60% 的排灌工程需要维修护理，农业抵御自然灾害的能力逐年下降，受灾害面积逐年扩大。二是农业科研经费不足。据统计，我国农业经费占农业生产总值的比重不到 0.1%，农业技术推广经费比重不到 0.2%，远远低于世界平均水平。农业投入不足已成为我国农业发展缓慢的主要因素之一。

图 2 - 16　年久失修的水库

图 2 - 17　干涸废弃的灌溉水渠

（1）乡村道路建设质量较差。贫困地区通达、通畅任务仍然艰巨，尽管"村村通"工程的实施收获了不菲的成果，但仍有400多个乡村、3.9万个建制村未建成硬化道路，并且大多处于高山深谷等地形险峻区。同时，经济欠发达或刚脱贫地区道路建设任务也很重。更为重要的是，乡村道路养护和管理任务重。前期建成的公路标准较低，抗灾能力较弱，缺桥少涵，安全设施不到位，养护投入严重不足，一些乡村已出现"油返砂"现象。按十年一个周期测算，约100万千米需要大中修，占总里程的四分之一。

图2-18　未硬化乡村道路

图2-19　乡村硬化道路损坏

（2）乡村电网设备陈旧且用电成本较高。电力设备陈旧落后，这是乡村电网最严重的问题。乡村变压器大多数已严重老化，能耗高、性能差；电缆截面较小，表箱、接户线锈蚀严重、绝缘性能差。有些电线杆更是破损严重，一旦遇到雷雨天气就容易发生断电现象，这不仅使供电不正常，而且容易引发安全事故。此外，部分乡村还存在着电网电能质量差、电压偏低、村民们私搭电线、供电不稳等一系列问题。

（3）乡村集中式供水比例偏低。虽然目前我国乡村人畜饮水环境得到了很大改善，但是乡村集中式供水比例以及自来水普及率仍然相对较低。以经济水平与基础设施较为完善的广东省为例，截至2017年，全省行政村自来水覆盖率、自来水普及率、生活饮用水水质合格率不到90%，仍未建成覆盖全省的乡村供水安全保障体系。而湖南省在2015年时，享受到集中式供水的乡村人口比例不到70%，更不用说其他中西部经济不发达地区乡村的自来水供应了。

图 2 - 20　乡村电箱老化生锈

图 2 - 21　乡村私接乱搭电线现象严重

（4）乡村互联网普及情况远低于城镇。国家互联网信息中心的统计显示，截至 2016 年 6 月，我国乡村互联网普及率达到 31.7%，但城镇地区互联网普及率超过乡村地区 35.6 个百分点，城乡差距仍然较大。同时，乡村网民上网设备主要依靠手机，截至 2015 年 12 月，乡村网民使用手机上网的比例为 87.1%。乡村网民上网地点与城镇相比存在较大差异。这些都说明，乡村互联网相关基础设施普及情况仍然相对较差。

（5）乡村商品流通储存设施建设严重滞后。当前，乡村缺乏超市、便利店等商品集中销售场所情况突出，农贸市场和批发市场缺少专业的储存场所，销售场所条件较简陋且卫生环境较差。相关调查表明，目前只有大概 41.7% 的农产品批发市场建有冷库，11.1% 的市场配备了冷藏车，12.9% 的市场有陈列冷柜。由此导致约 70% 的肉、80% 的水产品、大部分牛奶及豆制品无法进入冷链系统[8]。

### 4. 基层组织建设滞后化

伴随社会经济的快速发展，我国乡村基层民主政治建设也取得了巨大成就，各种民主形式和实现途径也基本得以保障，广大乡村居民参与基层民主建设的积极性不断增强。但是，客观来看，我国乡村基层民主政治建设仍相对滞后，且存在许多突出的问题，主要表现为：

（1）乡村基层组织缺乏创新力与凝聚力，战斗力较为薄弱。目前我国少数乡村党员同志思想较为落后保守，创新能力不强。少数基层组织较为松散，结构僵化，灵活性不够，这些问题直接导致党组织在乡村地区无法充分发挥战斗力。

（2）村民自治发展存在较多问题。例如村委会选举中常见的贿选问题、村委会与村党支部面和心不合的问题、乡政村治异化的问题、村民自治中一些村规民约与法律条例相悖等问题，这些问题成了阻碍乡村基层民主建设的绊脚石，导致村民民主权利得不到有效保障。

（3）乡村宗族势力与乡村基层组织的矛盾。我国乡村绝大多数是由一个到三五个姓氏的人口聚居而成的。他们有着共同的祖先，彼此间联系亲密且十分团结。一些建筑保存较好的乡村还保留有家族祠堂。一般来说，合理运用宗族组织可以大幅度降低乡村社会运行成本，对乡村生产发展和村民自治有重要的促进作用。但是宗族文化与民主政治毕竟是两种性质截然不同的文化，在实际中，极个别宗族势力对乡村基层组织的建设与民主的发展产生了诸多消极作用。宗族势力往往会通过各种自然或人为渠道渗入到乡村基层政权体系中，成为乡村治理体制的组成部分，进而利用基层政权的力量牟取私利或扰乱乡村经济发展和社会秩序。更重要的是，极个别宗族势力很容易被黑恶势力所利用，从而形成以宗派宗族为基础的、对村民和社会具有严重危害的邪恶势力。因此，乡村基层组织要寻得安稳、长久发展，首先要做到对这些个别宗族势力的正确引导。

（4）人口流动使村民基层组织建设面临新挑战。一定数量素质较高村民的存在是村民自治的组织基础，但我国目前乡村居民的大量外流严重削弱了村民自治的组织基础。大量高素质居民的外流，一方面使村庄中可供民主选举的村委会成员候选人减少，村委会无新鲜血液补充，由此导致村委会工作能力不断下降；另一方面，留在村里的农民大多是老人、妇女和儿童，他们中大多数人对行使民主权利的程序和意义了解不多，最终致使民主程序流于形式，民主决策也很容易异化为少数村干部决策。

## 5. 乡村文化流失化

美丽乡村建设既要满足现代生活需要，又要保持其地域特色；既要发展乡村经济，又要促进和弘扬文化遗产的保护与传承，将山水田园、民俗风情和历史建筑等有机结合起来，使之从总体形象上突出乡村文化的魅力与特色。从近年来乡村建设发展现状来看，各地在关于物质与非物质文化遗产、乡村地域风俗文化保护方面也暴露出许多问题。具体表现为：

（1）文化定位不清晰。许多乡村在编制乡村规划时对环境整治以及基础设施建设均考虑较多，例如交通、排水、生态建设等规划设计详细周全，但是对地方特色、文化内涵、民俗风情等人文资源挖掘程度较浅，没有把最能体现当地人文精神的文化符号和文化元素体现到乡村规划建设中，这导致村庄规划的成果与其他村庄大同小异，不能较清晰、明显地体现当地的特色。

（2）"建设性"破坏严重。一些乡村片面理解美丽乡村建设的实质，认为搞建设就是拆老房，盖别墅，建新村。结果导致大量乡土建筑遗产和历史文化村镇消失和损毁。个别乡村为了追求建筑形式与整体效果，对传统村落进行大面积改造翻新，忽略地方特色，把建筑外墙刷成了统一颜色，把乡间石子路改造成了水泥路，把村旁风水口改造成了现代化的小公园，搞起"千村一面"的形象工程。国家统计数据显示，2000 年中国有 360 万个自然村，到 2010 年，自然村减少到 270 万个，10 年里有 90 万个村子消失，一天之内就有将近 300 个自然村落消失，而自然村中包含众多古村落。传统村落的破坏和消失，毁掉的不仅仅是古建筑、古民居，更是蕴含其中的历史文化信息和文化景观。

图 2 - 22　"城市化"乡村建设

（3）可操作性差。很多乡村在规划设计上大同小异，与实际情况出入较大，没有实际的指导意义。村一级的规划较为依赖县乡级规划，没有深入了解乡村真实情况，不考虑村民的意愿，脱离现实盲目建设，可操作性与落地性差。并且执行力度也不够，有的地方只注重大的方面，忽略细节，缺乏长期统筹考虑。

（4）旅游开发过度。一些乡村不顾长远发展，过度追求经济增长，对乡村旅游资源实行掠夺式开发，导致乡村许多传统古建筑和文化资源逐渐消失或商业化。如许多原生态的古村落在开发成旅游景区后，由于缺乏科学规划，随意改建、仿建古建筑，盲目建设宾馆、超市等配套设施，使得古村落商业气息愈发浓重，原生态的面貌消失殆尽。此外，大量游客涌入乡村，还带来了大量的生活垃圾，甚至是对文化遗产的破坏、损毁，致使传统村落的自然生态和人文生态受到严重践踏。过于浓重的商业气息与不合理的开发强度，从根本上打破了乡村本应具有的宁静，严重破坏了人与人、人与自然之间的和谐生活氛围。

### 6. 乡村事业发展缓慢化

我国乡村社会事业发展缓慢，城乡发展差距仍旧不断加大。尽管近年来党中央、国务院采取一系列政策措施来推进乡村社会事业发展，使得我国乡村社会面貌得到很大改观，但是乡村社会事业发展还面临许多困难和问题，难以满足广大乡村居民日益增长的物质文化和精神文化需要。主要表现为：

（1）乡村教育基础薄弱，师资队伍数量不足、办学条件差、留守学生多等依旧是乡村教育事业发展所需要解决的重要问题，普及和巩固义务教育任重而道远；

（2）乡村公共卫生体系不健全，基层医疗卫生基础较差，农民看病难、看病贵的现象普遍发生；

（3）乡村公共文化资源十分短缺，不少地方文化活动场所和设施破旧残损、年久失修，有的地区甚至没有文化活动场所以及相关的文化设施和文化活动；

（4）乡村社会福利水平低下，存在福利机构匮乏、社会福利覆盖面不完善、地区发展不平衡、各福利项目发展不平衡、缺乏统一的组织管理等诸多问题。

## 三、与时俱进的新指标

### 1. 国家说

2008 年，英国 BBC 拍摄了 6 集以"美丽中国"为题的大型纪录片。纪录片的每一幅画面都美得纯粹，让人震撼，令人心醉。当然，作为一名中国人，我们不仅为自己祖国山川秀丽、山河壮美而自豪，在新时代的背景下，我们对"美丽中国"的理解还应有着更深层次的内涵。首先，"美丽中国"要有山清水秀的自然之美。"一座座青山紧相连，一朵朵白云绕山间，一片片梯田一层层绿，一阵阵歌声随风传"，美丽风景不能只存在于老人的回忆和歌词图画中，要永久地保护和保存下去，让子孙后代也望得见青山，看得见绿水。因此，首先必须重视生态环境的保护，加大环境保护力度，采取科学治理方式，提高生态治理水平。其次，"美丽中国"要有节约资源的俭朴之美。土地、能源、矿产等不可再生资源都是大自然赐予我们的礼物，但随着人们无节制地开采与索取正变得日益稀缺。在科学不断发展与科技不断进步的今天，我们仍要坚守朴素的本真。再次，"美丽中国"要有人文特色的制度之美。英国政治学家伯克曾经说过，与制度结合的自由才是唯一的自由。同样，与制度结合的监管才是有效的监管。提高节约意识、环保意识、生态意识，杜绝浪费资源、污染环境、破坏生态的不良行为，归根到底要靠制度建设的力量。最后，"美丽中国"要有科学发展的格局之美。每个人都希望自己的生活空间宜居舒适、生产空间集约高效、生态空间丰富多彩。因此，只有合理规划、科学发展，才能"给自然留下更多修复空间，给农业留下更多良田，给子孙后代留下天蓝、地绿、水净的美好家园"。

图 2-23　BBC"美丽中国"纪录片截图

　　2015 年 4 月，国家质检总局、国家标准化管理委员会批准并公布了《美丽乡村建设指南》国家标准（以下简称《指南》）。该标准在村庄规划、村庄建设、生态环境、经济发展、公共服务、乡风文明、基层组织、长效管理等方面做出了规定，并规定了 21 项量化指标，该标准于 2015 年 6 月 1 日起实施。

　　《指南》的编制以党的十八大精神、"五位一体"思想和中央乡村经济工作会议精神为导向，紧密结合美丽乡村建设的总体目标与内涵，注重以人为本，体现科学发展观的要求，形成了以"五位一体"为主要建设内容，以"规划布局科学、村容整洁、生产发展、乡风文明、管理民主，且宜居、宜业，可持续发展"为美丽乡村的主要创建目标。《指南》规定美丽乡村建设要遵循"政府引导、以人为本、因地制宜、规划先行、统筹兼顾、民主规范"的总体要求，按照"因地制宜、村民参与、合理布局、节约用地"的基本原则开展村庄规划并坚持以需求和问题为导向，强化规划引领，做好统筹和顶层设计。

《指南》在村庄建设、生态环境保护、公共服务等方面提出了 21 项量化指标。即路面硬化率达 100%，村域内工业污染源达标排放率达 100%，农膜回收率达 80% 以上，农作物秸秆综合利用率达 70% 以上，病死畜禽无害化处理率达 100%，畜禽粪便综合利用率达 80% 以上，使用清洁能源的农户数比例达 70% 以上，平原林草覆盖率达 20% 以上，山区林草覆盖率达 80% 以上，丘陵林草覆盖率达 50% 以上，生活垃圾无害化处理率达 80% 以上，生活污水处理农户覆盖率达 70% 以上，卫生公厕拥有率不低于 1 座/600 户，户用卫生厕所普及率达 80% 以上，村卫生室建筑面积大于 60 平方米，学前一年毛入园率达 85% 以上，九年义务教育目标人群覆盖率达 100%，九年义务教育巩固率达 93% 以上，乡村五保供养目标人群覆盖率达 100%，乡村五保集中供养能力达 50% 以上，基本养老服务补贴目标人群覆盖率达 50% 以上，村民享有城乡居民基本医疗保险参保率达 90% 以上，管护人员比例不低于常住人口 2‰。

在经济发展方面，《指南》规定了美丽乡村农业、工业、服务业三大产业的发展要求，注重培育惠及面广、效益高、有特色的主导产业，创新产业发展模式，培育特色村、专业村，加强村民的素质教育和技能培训，培养新型职业农民，鼓励有条件的地区推行电子商务，以此带动经济发展，促进农民增收致富。

在乡风文明和基层组织建设方面，《指南》也进行了规定，明确了公众参与和监督两个长效管理机制，鼓励开展第三方村民满意度调查，确保在高标准建设美丽乡村的同时，进一步完善村民自治机制，保障村民合法权益。

## 2. 浙江省说

浙江省较早出台了《浙江省美丽乡村建设规范》，在生态文明建设理念下推行了惠及广大乡村的"千万工程"，造就了万千美丽乡村建设行动计划，推动了社会主义新乡村建设，促使广大乡村地区自然环境、村容村貌、村民的精神面貌发生了巨大变化，形成了美丽乡村建设的样板[10]。

### ◆ 《浙江省美丽乡村建设规范》的出台与主体内容

党的十八大确定了建设美丽中国战略目标，美丽中国，美丽乡村是基础，美丽乡村如何建，浙江省安吉县最近 5 年来在这方面进行了积极探索。浙江省质监局为了将安吉县美丽乡村建设的经验、成果进行推广,探索社会主义新农村建设的"浙江模式",对安吉经验做了标准化转化,于4月2日发布了省级地方标准——《浙江省美丽乡村建设规范》(以下简称《规范》)。

《规范》共有13个章节,主要包括美丽乡村基本要求、村庄建设、生态环境、经济发展、社会事业发展、社会精神文明建设、乡村组织建设与常态化管理7个部分,总结提炼安吉县美丽乡村建设成功经验,规范性引用了新农村建设现有国家、行业及地方标准21项,并对经济、环境保护、安全等基本指标进行统一规范和量化,共涉及相关指标36项,使美丽乡村建设从一个宏观的方向性概念转化为可操作的工作实践,确保美丽乡村建有方向、评有标准、管有办法。

《浙江省美丽乡村建设规范》中明确规定"三年内未发生重大安全生产事故、重大刑事案件及群体性事件;三年内无重大环境污染事故和生态破坏事件;三年内未发生甲、乙类传染病暴发流行,未发生重大食品安全事故;无陡坡地开垦、任意砍伐山林、开山采矿、乱挖中草药资源及毁坏古树名木等现象;无捕杀、销售、食用国家珍稀野生动物现象;计划生育工作达到上级下达的年度人口和计划生育目标管理责任制考核要求;村庄"无违法用地,无违章建筑,无住人危房",并且"生态、经济、社会、文化与政治协调发展,符合科学规划布局美、村容整洁环境美、创业增收生活美、乡风文明身心美且宜居、宜业、宜游的可持续发展的建制村",才称之为"美丽乡村"。

图2-24　浙江省美丽乡村建设成果

自2003年起,浙江省先后启动实施了"千村示范万村整治"和"美丽乡村建设工程",开展了一系列乡村基础设施和公共服务设施建设,维护和修复乡村生态环境等建设内容，有效改善了农民的生产生活条件。现如今，浙江省绝大多数村庄设施健全、干净整洁、环境优美，呈现出稻谷飘香、人在画中的独特江南田园风光。

在此基础上，浙江省又发布了《浙江省深化美丽乡村建设行动计划（2016—2020年）》（以下简称《计划》）。《计划》提出，美丽乡村建设要从"一处美"向"一片美"转型，强调"以点带面"；进一步加强乡村垃圾、生活污水、村庄环境综合治理，发展旅游经济、电商经济，积极推进扶贫开发；深化"三权到人（户），权随人（户）走"改革，全面完成乡村"三权"确权登记颁证工作，依法赋予抵押、担保、流转、转让等权能；建立健全乡村产权流转交易市场体系，建成市、县、乡、村四级联通一体的乡村产权交易平台。

《计划》指出，浙江下一步要全力推进乡村生活污水治理，净化乡村水环境，使乡村质朴纯净的形象得以长期保存。并且，结合地方文化特色，强化历史文化村落的保护开发，因地制宜地打造具有地方特色的美丽乡村风景线。

◆ **浙江省村庄整治建设成效**

浙江省农办介绍，截至2017年底，浙江省累计约2.7万个建制村完成村庄整治建设，占浙江省建制村总数的97%；生活垃圾集中收集、有效处理建制村全覆盖，11475个村实施生活垃圾分类处理，占比41%；90%的村实现生活污水有效治理，74%农户的厕所污水、厨房污水和洗涤污水得到治理。

美丽乡村不仅是以物质为基础的美丽乡村，更是以人为本、产业文化为基础的美丽乡村。《计划》提出"产村人"融合，"居业游"共进的概念。这意味着浙江省将始终秉持"绿水青山就是金山银山"的发展理念，坚持经济发展与生态保护有机结合。既注重经济增长的指标，又注重人文生态的指标，努力变自然资源为经济资源，变环境优势为经济优势，打造经济发展与生态环境保护双赢的局面。《计划》要求，要在全省进一步加强乡村法制建设，加强村民道德教化，深化乡村产权制度改革，推进户籍管理制度改革，构建"三位一体"农民合作经济组织体系，让浙江的美丽乡村真正有制度遵循，有美好未来。

美丽乡村不仅要做到风景美，更要做到产业美。浙江省将美乡村、育产业、富农民有机结合。深度挖掘美丽乡村的旅游功能，大力发展体验经济、文创经济、养生经济、民宿经济等新型业态。深入实施低收入农户收入倍增计划，大力推进精准扶贫、精准脱贫、创新扶贫工作机制，通过产业开发、培训就业、金融支持、异地搬迁、医疗救助、低保兜底等措施，加快低收入农户持续快速增收。

### 3. 湖南省说

花开两朵，各表一枝。浙江省美丽乡村建设走在全国前列，而素有"心怀天下，敢为人先"的湖南省也广泛地开展了美丽乡村建设实践。秉承"尊重农民意愿、保留乡村风貌、突出地方特色、节约乡村资源、保护生态环境"五大原则，湖南省从"产业发展规划、村庄布局规划、土地利用规划、生态建设规划、公共服务规划"等五个方面入手，着力打造具有湖湘特色的美丽乡村。

生产发展方面，湖南省对于美丽乡村的评定标准是：

(1)农田水利灌溉设施齐全，能实现旱涝保收。

(2)乡村电网改造升级到位，农民生产生活用电有保障。

(3)有 1～2 个主导或特色产业，覆盖农户 50% 以上，产值占全村总产值 60% 以上。

(4)三大产业融合发展，其中从事二、三产业的劳动力占劳动力总数的 50% 以上，非农收入占家庭收入的 60% 以上。

(5)村级集体经济经营性收入，一类县市区的村为 15 万元以上，二类县市区的村为 10 万元以上，三类县市区的村为 8 万元以上。

生活经济方面，湖南省对于美丽乡村的评定标准是：

(1)农民人均可支配收入高于所在县市区农民人均可支配收入的 30% 以上。其中，一类县市区的村农民人均可支配收入达 2 万元以上，二类县市区 1.5 万元以上，三类县市区 1 万元以上。

(2)住房规范有序、美观实用，危旧房屋改造修缮到位；坚持一户一宅，废弃空心房处置率达 100%，无违章建筑，无乱搭乱建、乱占耕地现象。

(3)村主道硬化率达 100%，到组道路硬化率 95% 以上；农户安全饮水普及率达 100%。

(4)网络、电话入户率达 95% 以上；有线电视入户率达 100%。

(5)五保户、孤寡老人、残疾人、特困户生活有保障，乡村新型合作医疗参合率达 95% 以上，适龄儿童入学率达 100%。

社会制度方面，湖南省对于美丽乡村的评定标准是：

(1)依照《村民委员会组织法》，制定有社会治安、消防安全、村风民俗、邻里关系、婚姻家庭等村规民约。

（2）建设有村级公共服务中心、卫生室、农家书屋、活动会议室、健身场所等设施，经常开展农民学习教育、技能培训、文体健身等活动。

（3）积极开展思想道德、科技文化、卫生保健、婚育新风、法律法规"五进农家"活动，关爱空巢老人、留守妇女和留守儿童，群众满意率在95%以上。

（4）社会和谐稳定，民风正、治安好，连续三年以上未发生重大刑事案件、重大安全事故、非正常上访事件、计划外生育和聚众赌博、买卖地下"六合彩"等现象，群众满意率在95%以上。

基础服务设施方面，湖南省对于美丽乡村的评定标准是：

（1）新建民居、村组道路、灌溉水渠、线路管道等布局规范。

（2）"三清"（清垃圾、清路障、清淤泥）到组率100%，"五改"（改水、改厨、改厕、改浴、改栏）到户率90%以上，村内无裸露排污、露天焚烧、乱贴乱画、乱堆乱放、破坏生态、污染水系等现象。

（3）村内建有公共卫生厕所，农户卫生厕所普及率达100%。

（4）使用沼气、太阳能、液化气等清洁能源的农户占全村总农户数的80%以上。

（5）有保洁管理制度、专职保洁人员和相应的硬件设施，长效管护到位。

基层组织建设方面，湖南省对于美丽乡村的评定标准是：

（1）村党组织、村民委员会、村民议事会、村务监督委员会等机构健全；村支两委班子作风正派、团结务实、开拓创新，在村民中威信高，群众满意率在95%以上。

（2）村级管理制度健全，自觉按照"四议两公开"管理村务，群众满意率在95%以上。

（3）有效开展对村党组织、村民委员会、集体经济组织、村民小组等班子成员的监督评议，群众满意率在95%以上。

（4）村集体资金、资产、资源管理和财务收支审批规范，不存在"雁过拔毛"式腐败问题。

人居环境与生态环境方面，湖南省对于美丽乡村的评定标准是：

（1）农民房前屋后菜地果园、树木花草、灯光亮化等规范有序，开展庭院绿化、美化、亮化的农户占全村总农户数达80%以上；村内主要道路两边、水系两旁进行绿化亮化，村域内可绿化范围的绿化率达90%以上。

（2）建立生活垃圾收运处置体系，无害化处理率达 80% 以上；建立生活污水处理系统，覆盖农户数比例达 70% 以上；实行规模化养殖人畜分区、庭院养殖畜禽圈养，禽畜粪便资源化综合利用率达 80% 以上。

（3）农业生产化肥农药施用零增长，农膜回收率达 90% 以上，农作物秸秆资源化综合利用率达 70% 以上；大力发展无公害农产品、绿色食品、有机食品、森林食品；村域内工业企业的废水、废气、噪声、固体废物等污染物达标排放，工业污染源达标排放率达 100%；有效保护和利用自然资源，因地制宜发展乡村特色旅游。

在此标准上，湖南省出台各项政策，例如《湖南省乡村振兴战略规划（2018—2022 年）》，并积极采取相关措施有效保护古村落、古民居、古建筑、古树名木和民俗文化等历史文化遗迹遗存；有效挖掘农耕文化、山水文化、人居文化中的生态思想，培育特色文化村；拥有生态文明、生态文化宣传阵地，有效引导村民追求科学、健康、文明、低碳的生产生活方式，构建和谐的乡村生态文化体系。

### ◆《湖南省乡村振兴战略规划（2018—2022 年）》的出台与主体内容

紧随着国家的步伐，中共湖南省委湖南省人民政府发布了省级标准《湖南省乡村振兴战略规划（2018—2022 年）》（以下简称《规划》）。

《规划》分三个阶段部署湖南省乡村振兴战略，不仅明确了 2020 年、2022 年的目标任务，又对 2035 年和 2050 年两个阶段做出远景展望。此外，《规划》结合湖南实际，明确了 5 类 22 项重要指标作为具体目标任务，其中，产业兴旺类指标 5 项，生态宜居类指标 4 项，乡风文明类指标 4 项，治理有效类指标 5 项，生活富裕类指标 4 项。

《规划》将全省划分为引领区、重点区、攻坚区三类，因地制宜设计振兴路径。在此基础上坚持乡村振兴和新型城镇化双轮驱动，优化乡村发展空间格局，差异化推进乡村振兴，打造具有浓郁湖湘特色的现代版"清明上河图"。

## 四、众心所向的新展望

中国要强、农业必须强；中国要富、农民必须富；中国要美、农村必须美。建设美丽中国，必须建设好"美丽乡村"。

——习近平总书记在 2013 年底召开的中央乡村工作会议上强调

美丽乡村的建设关系到"十三五"时期发展目标的实现。在这样的背景下，要建设美丽乡村，首先应当了解美丽乡村提出的过程。纵观我国历史长河，对乡村建设问题的关注要追溯到近代中国资本主义萌芽阶段。早在1908年，晚清政府就颁布了《城镇乡地方自治章程》，其主要内容围绕着乡村治理运动、乡村自治运动、乡村政治建设等方面开展。从20世纪50年代新中国建设初期到现在，乡村的建设发展大体上经历了三个阶段。新中国成立之初到1978年是以粮为纲的发展阶段；1979年到2004年是市场化发展阶段，这一阶段从经济、政治、文化等多个层面对建设中国特色社会主义新乡村的任务提出要求，新乡村建设成为一个系统工程；2005年到现在是新乡村建设进一步深化的阶段，2013年中央一号文件首次提出要建设美丽乡村奋斗目标，新乡村建设以美丽乡村建设为主题首次以党的文件形式呈现。

党的十九大报告提出，实施乡村振兴战略，要按照"产业兴旺、生态宜居、乡风文明、治理有效、生活富裕"的总要求，建立健全城乡融合发展体制机制和政策体系，加快推进农业乡村现代化。这是党中央为全面建成小康社会、实现中华民族伟大复兴的中国梦而做出的一项重大战略部署。美丽乡村把"三美三宜两园"当作自己的建设目标，其中"三美"是指"生态宜居村庄美、兴业富民生活美、文明和谐乡风美"，"三宜"是指"宜居、宜业、宜游"，"两园"则是指"幸福生活家园、休闲旅游乐园"。

## 1. 产业兴旺

从多年来中央发布的"一号文件"都是以"三农"为主题可以看出，"三农"问题一直是国家工作的重点，农业在国民经济中的基础地位从未动摇。自党的十八大以来，我国打响了脱贫攻坚战，坚决让全国上下每一户人家都过上小康生活。一批批敢闯敢试，善于发掘自身特色资源优势的"明星村"相继涌现，有的依靠电商脱贫致富，有的发展农产品加工业扬名全国。当下，许多"明星村"正不断提升农业发展的层次，提升农业竞争力，也为乡村振兴和美丽乡村建设探索了新路径。

产业薄弱一直是广大乡村经济发展的"软肋"，是乡村经济难以得到大幅度提升的根本原因。我国农业发展的矛盾已经由总量不足转变为结构性矛盾，主要表现为阶段性的供过于求和供给不足并存。提高农业综合效益和竞争力，破解"丰产不丰收"难题，已成为农业发展的主攻方向。

图 2-25　明星村一隅

　　农业已经不再是过去简单的种植和饲养了，21 世纪的农业增添了生态、休闲、文化传承等更多元素和期待。随着经济水平和国民收入的提高，国人对康养、休闲等方面的需求也与日俱增，这无疑成为乡村特别是近郊乡村挖掘生态优势，开辟生态旅游产业，发展"美丽产业"的时代契机。一些乡村能成为"明星村"，主要在于充分发挥独特优势，提高了知名度，产生了品牌效应。

　　当然，仅仅发展旅游业显然还不够，美丽乡村的建设还应构建多层次、综合性产业体系。产业怎么发展？平台怎么搭建？空间怎么拓展？仔细探寻已建设完成的美丽乡村，不难找到其背后的某些共性支持。

　　一、二、三产业融合，将绿水青山转化为金山银山。事实上，风景好了，游客来了，村里的土特产自然也不愁卖了，这成为一些三产融合较好的村庄运营模式。当然，我们并不能止步于此，在完成三产初步融合的基础上，我们还要构建稳定畅通的货物流通渠道，完善配套服务，谋划产业提升。通过政府引导、企业参与、市场运作等多种方式，打造一二三产业联动、生产加工销售旅游一体、建设乡村田园综合体。

　　只有改革，才能为农业发展注入强大动力。走改革发展的道路，大力发展集体经济，是许多美丽乡村解决"三农"问题的路径。例如在安徽宣城花园村，改革提供了发展新平台：土地没有了，就到外村流转几百亩土地建立农产品基地，服务当地"菜篮子"工程，带动居民就业；宾馆、老年公寓不够用了，就盘活原有厂房进行改造提升……

依靠创业创新，引领农业发展新气象。开办农家乐是"小创业"，村庄整体经营是"大创业"，积极引进新产业，更是促进农村发展的新天地。在重庆万盛经济技术开发区凉风村村口，有一个"微企梦乡村"的牌坊，一块平凡的牌坊背后却是一段不平凡的大众创业经历。为实施精准扶贫，推动资源枯竭区域转型发展，重庆市工商局联合万盛经开区在这里打造微企创业基地。短短 8 个月，凉风村就从贫困发生率高达 13.7% 的穷困村，变身为生态优美、产业兴盛的新乡村。

图 2-26　村民们发展地域特色产业

党的十九大报告提出，要实施乡村振兴战略，并从解决"三农"问题、振兴乡村战略总要求、巩固和完善乡村基本经营制度、确保国家粮食安全、构建现代农业体系、促进乡村产业融合和加强乡村基层建设等方面，对"三农"工作进行了全面系统部署。这既明确了乡村发展的基本方向和农业乡村现代化的实现途径，又建构起我国乡村现代化的美好前景。

## 2. 生态宜居

在风貌塑造上留住乡村的"形"，在文化传承上留住乡村的"魂"，在宜居宜业上留住乡村的"人"。美丽乡村建设正不断书写着乡村波澜壮阔的篇章。

建设美丽乡村生态宜居环境，首先造福的就是当地村民。宜业宜居，自然可以留人。办农家乐在家里"就业"，在网上销售农产品自己当老板，兴办民宿自己当"管家"。乡村居住条件越来越好，越来越多的年轻人选择留在村里，他们既是美丽乡村的受益者，更是美丽乡村的建设者。经过近几年的美丽乡村建设，新建居民点绿意盎然，村道干净整洁，道路两旁大树掩映、花草丛生。一副生态宜居的美好景象呈现在我们眼前。

图2-27 十大最美乡村之一浙江省丽水市洞背村

不只是环境变美了，现如今大部分村庄还实现了雨污分流、光纤入户，垃圾有专人负责清运，医疗卫生站、超市、居民休闲广场等多项公共服务设施和便民服务设施也投入使用，生活越来越便捷，村庄越来越宜居。

实现生态宜居，还要努力建设村民的幸福家园。遵循乡村自身发展规律，坚持乡土味道，保留乡村风貌，科学编制村庄规划，开展人居环境治理工程，让新时代的乡村不仅绿起来，更要美起来。

展望未来，我国美丽乡村建设必然会全面实现生态宜居，把农业绿色发展、生态发展的美好蓝图变为现实。

## 3. 乡风文明

如果说产业兴旺和生态宜居是美丽乡村建设在物质文明发展上的核心要求，那么乡风文明则是美丽乡村建设中乡村文化建设和农民精神生活的核心要求。

农民的文化素养和积极向上的精神风貌是美丽乡村建设的内涵，是可持续发展的精神之源。目前，我国仍有部分乡村地区陋习盛行，婚丧嫁娶等人情消费使村民本来就不高的经济收入更是雪上加霜；部分村民封建迷信或沉迷赌博；在一些贫困乡村，帮扶干部忙前忙后帮助贫困户脱贫，部分贫困户却好吃懒做，不情不愿。面对这些积弊和新问题，地方政府与村委会应积极推动乡风文明建设，弘扬中华民族优秀传统文化，践行社会主义核心价值观。

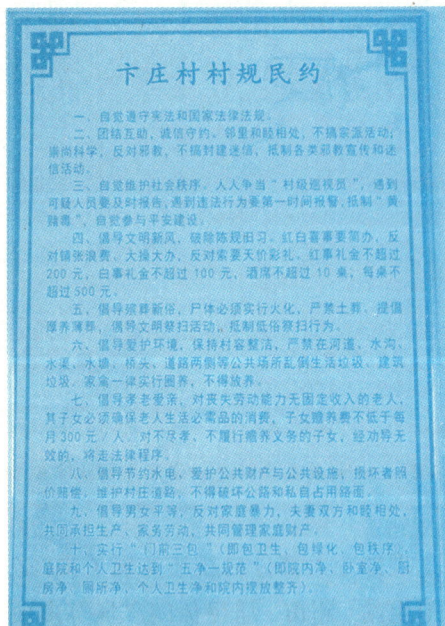

图2-28　安徽灵璧县卞庄村村规民约

"美丽乡村"不仅仅是青山绿水风景之美，更是让乡村充满人文特色的"乡风文明"之美。所以，"美丽乡村"的建设要以党的十九大精神为指引，坚定文化自信、道路自信，弘扬和传承中华民族传统美德，着力培育乡村文明新风，为农村

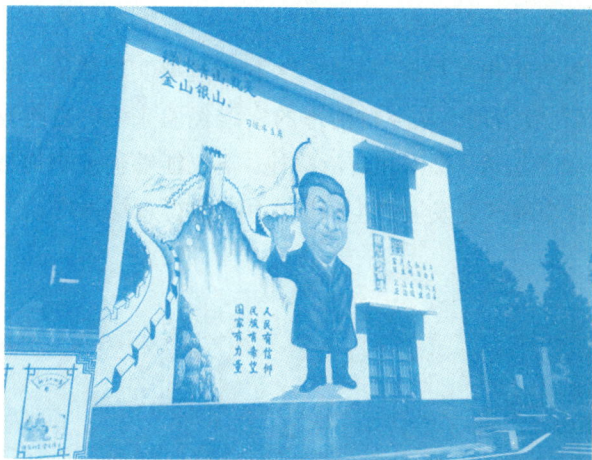

图 2-29　湖南省响水村乡风文明墙

发展进步提供强大的精神力量和道德滋养。

## 4. 治理有效

2017 年底召开的中央乡村工作会议明确提出"必须创新乡村治理体系，走乡村善治之路"，并把它作为中国特色社会主义乡村振兴的具体路径之一。

"乡村善治"，是对"乡村振兴"战略中"治理有效"的补充阐释。"善治"的本质就是民主法治，即构建以党委为领导、政府管理、社会监督、村民参与的乡村法治、德治、自治体系。

法治是乡村治理的有效保障。它是一种自上而下的规范治理，是乡村的"硬治理"。没有法治，乡村治理就有可能变味变质。在法治的理念中，法律是一切行为规范的准绳，任何行为都必须在法律的范围内进行。

德治是乡村治理的基础。德治以社会伦理道德规范为准则，是社会舆论与素质修养相结合的"软治理"。陕西旬阳采用"道德评议"的方式进行德治，用评议的舆论约束村民的道德行为，弘扬社会正气，起到了法律"硬治理"没有起到的作用。

自治是乡村治理的根本。我国乡村在几千年的自然发展中，形成了不同的自然历史文化特色，村与村之间的文化差异十分明显，只有在尊重各地风俗民情的基础上，实行自主治理和差异化治理，才能合理有效地对村庄进行管理，建设美丽乡村。

党的十九大报告提出乡村振兴战略，乡村治理要实现法治、德治、自治"三治融合"，从而达到有效治理。从乡村治理的实践经验来看，当前我国一些地方的村规民约充分体现了法治、德治和自治精神，不仅能够促使当地形成良好的社会风气，而且能够对当地产业发展产生积极作用，值得总结推广。

图 2-30　陕西旬阳县甘溪镇"三治融合"会议现场

## 5. 生活富裕

农业强不强、乡村美不美、农民富不富，决定着全面小康社会的成色和社会主义现代化的质量。实施乡村振兴战略是一篇大文章，要统筹谋划、科学推进。要充分尊重广大农民意愿，调动广大农民积极性、主动性、创造性，把广大农民对美好生活的向往化为推动乡村振兴的动力，把维护广大农民根本利益、促进广大农民共同富裕作为出发点和落脚点。

——习近平总书记在 2018 年山东代表团审议时强调

农业、农村、农民问题是关系国计民生的根本性问题，实施乡村振兴战略就是要把解决好"三农"问题作为全党工作重中之重。现在的乡村的确发生了巨大变化，乡村的人居环境、生产生活条件也都越来越好。如今的村庄，简陋不堪的

图 2-31　2012—2016 年城乡居民人均可支配收入

土坯草房被新建的二层小楼或崭新的大瓦房取代，村里修桥铺路、建停车场、公厕、绿化、公园、休闲广场，村民们闲暇时扭扭秧歌、健健身，看到自己家门口景色宜人，日子红火，心里也美滋滋的。

"我们的好日子来了""生活充满了盼头""日子会越过越红火"……在看到家乡日新月异的变化之后，很多村民也由衷地发出感慨。心声，是最好的答案，这是老百姓对美丽乡村建设与乡村振兴战略的赞同和憧憬。

图 2-32　2012—2016 年城乡居民住房建筑面积对比

图2-33　现如今乡村院内院外景色醉人、一片祥和

《中国美丽乡村建设路径与投资战略规划分析报告》显示，截至2018年底，中国休闲农业和乡村旅游营业收入超过8000亿元，吸引30亿人次到乡村休闲度假。中国农村网络销售额突破1.3万亿元，吸收2800万农民就业；益农信息社已经在20.4万个行政村建立，预计2020年普及到80%以上的村。总之，我们国家通过几十年的不断发展，这几年发起脱贫攻坚战来反哺乡村，让各族人民共享改革发展成果。

展望未来，在"美丽乡村"建设与"乡村振兴战略"的统筹指引下，我们的乡村将会更美丽、更幸福、更宜居。相信在未来的不久，乡村区域不仅会是乡村居民安居乐业之所，更是城里人休闲度假，康体养生的自然乐园。

## 参考文献

[1] 许丹.国外乡村建设经验及对我国新乡村建设的启示[D].哈尔滨：黑龙江大学，2009.

[2] 王欣瑞.现代化视野下的民国乡村建设思想研究[D].西安：西北大学，2007.

[3] 冯健.乡村重构：模式与创新[M].北京：商务印书馆，2012.

[4] 张沛，李信仕，赵国锋.国外乡村发展经验对我国西部地区新乡村建设的若干启示[J].西

安建筑科技大学学报, 2007, (3)：46-51.

[5] 黄杉, 武前波, 潘聪林. 国外乡村发展经验与浙江省"美丽乡村"建设探析[J]. 华中建筑, 2013, (5)：144-149.

[6] 国家统计局. 中国统计年鉴[M]. 北京：中国统计出版社, 2017.

[7] 乔金亮. 去年农民人均可支配收入增速为7.3%[N]. 经济日报, 2018-01-23(3).

[8] 周蕴涵. 我国农村基础设施建设现状及存在的主要问题[J]. 财经界, 2018(1)：3-5.

[9] 魏跃军. 我国农村基础设施建设现状与对策[J]. 北京林业大学学报(社会科学版), 2011(2)：45-49.

[10] 卢美贞, 蓝文权. 浙江省美丽乡村建设现状与建议[J]. 浙江农业科学, 2014(1)：6-9.

# 第三章 | 协同推进 美丽乡村之建设内容

建设美丽乡村，最根本的目的是造福广大乡村百姓，为居民的日常生活与生产提供良好的空间环境与物质保障。本章主要对美丽乡村建设过程中人居环境、产业发展、生态环境、公共服务、文化建设、基层组织等主要内容进行科普描述。

图 3-1 乡村建设主要内容

## 一、安康祥和的幸福人居

长期以来，我们国家很多乡村因不同的自然环境、历史文化、风土人情以及社会经济条件等渐渐自发形成其特色，但是在保留地方别具一格的资源景观的同时，也存在缺乏统一规划的问题。这也造成乡村人居空间环境布局散乱、闲置住宅多、集约利用率低、建设质量差等一系列问题，这不仅占据了大量宝贵的耕地资源，而且在很大程度上制约了乡村经济的可持续发展，影响了乡村居民对高水平生活空间质量的追求。我们建设美丽乡村，就是要积极整合乡村土地空间，合理有序地规划村庄空间利用结构，着力打造特色宜居的人居景观风貌，真正为百姓营造宜居的空间环境。

### 1. 合理编制土地利用规划，统筹农村各项土地利用，
### 加强农村土地利用供给的精细化管理

村级土地利用规划是什么意思？它是指在一定时期和空间内，根据规划村的自然条件和社会经济条件，依据乡级土地利用规划来确定本村的居民点布局、土地利用结构布局、土地利用分区、基本农田保护区划定、农用地内部规划设计、村庄调整和布局，并进行综合评测和预算[1]。编制村土地利用规划要以乡（镇）土地利用总体规划为上位规划，遵循"望得见山、看得见水、记得住乡愁"生态文化建设思想，执行最严格的耕地保护制度和最严格的节约用地制度，统筹布局农村生产、生活、生态空间。

为什么要编制村级土地利用规划呢？这主要是由于乡村作为我国土地资源管理的薄弱环节，土地利用存在诸多不足，如耕地特别是基本农田遭到严重破坏、农村建设用地分散、村内产业布局混乱、生态环境恶化等[2]。随着新型城镇化建设进程加快，如何协调农村土地管理与统筹城乡发展、新农村建设、农村生态环境保护、土地整理规划以及促进城乡建设用地增减挂钩等方面又好又快发展，成为当前亟待解决的问题。

很多农民朋友认为村土地利用规划属于领导层面的决策，与自己没有太大关系，而事实上村庄土地利用规划的优劣直接影响村庄和农民的日常生活和既得利益。要知道，村土地利用规划是在乡级土地利用总体规划控制下的土地利用详细规划，通过村级土地利用规划，可以把乡级土地利用总体规划中无法细化至具体地块的各类用地面积落实到对应的土地空间上，并进行合理的组织和实施，以实现村庄节约集约并合理利用土地的目标。统筹布局农村生产、生活、生态"三生"空间，系统考虑村庄建设、农业发展、公共设施建设、生态环境保护等问题，合理安排经济建设、耕地保护、环境整治、文化传承、社会事业发展等方面的用地，促进农村整体环境美化，农民可以从这些影响中直接收益，感受到生活质量的提高。村级土地利用规划的编制还有利于丰富和完善当前我国土地利用规划体系，促进相关规划部门职能分工和加强土地利用规划管理，可以促进产业生产、经营、管理与土地利用管理的结合并利于村域范围内各类规划的协调与融合。

图3-2    杭州划定永久基本农田避免建设侵占

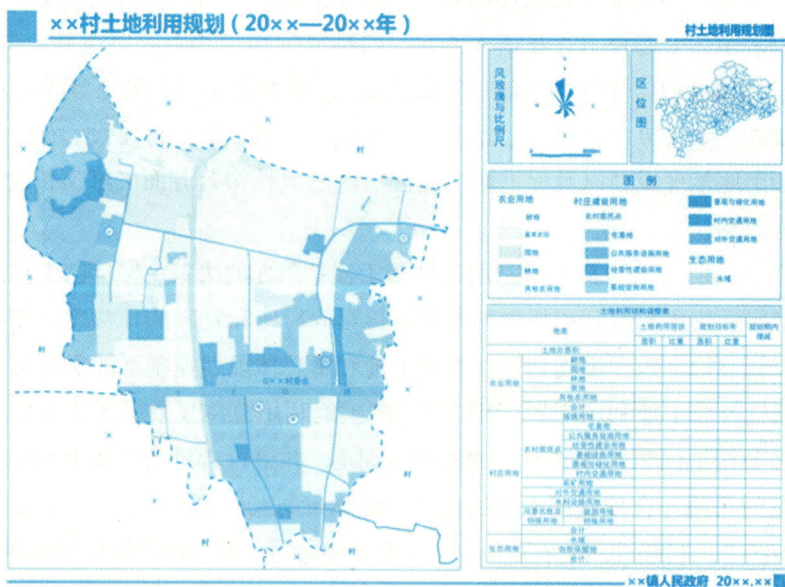

图3-3    某村土地利用规划用地分类图

表3-1　村土地利用规划用地分类表

| 乡级规划地类 | 村规划地类(一级类) | 村规划地类(二级类) |
|---|---|---|
| 耕地 | 农业用地 | 耕地 |
| 园地 | | 园地 |
| 林地 | | 商品林 |
| 牧草地 | | 草地 |
| 其他农用地 | | 其他农用地 |
| | | 设施农用地 |
| 农村居民点用地 | 村庄建设用地 | 宅基地 |
| | | 公共服务设施用地 |
| | | 基础设施用地 |
| | | 经营性建设用地 |
| | | 景观与绿化用地 |
| | | 村内交通用地 |
| 风景名胜及特殊用地 | 交通水利及其他用地 | 风景名胜设施用地 |
| | | 特殊用地 |
| 交通用地 | | 对外交通用地 |
| 采矿用地 | | 采矿用地 |
| 水利设施用地 | | 水利设施用地 |
| 城镇用地 | 城镇用地 | 城镇用地 |
| 林地 | 生态用地 | 生态林 |
| 水域 | | 水域 |
| 自然保留地 | | 自然保留地 |

## 2. 落实乡村居民点整理，优化调整村庄居民点空间布局

乡村居民点是我国农村人口集中生产生活的主要载体。通俗来讲，就是我们村民居住的村落建成区，一般可分为农村集镇(为乡所在地，又称为乡镇)、中心村(为过去生产大队所在地)和基层村(为过去生产队所在地)。这是乡村人地关系互动的核心，也是我国乡村土地利用的重要组成部分。乡村居民点整理主要是

运用工程技术及土地产权调整，通过村庄改造、归并和再利用，农村建设逐步集中、集约，提高乡村居民点土地利用强度，促进土地利用有序化、合理化、科学化，是对土地利用由粗放型向集约型转变的客观要求，也是实现乡村城镇化，发展乡村经济和实现美丽乡村建设的必然选择[3]。

图 3-4　分散布局的乡村居民点

乡村居民点用地整理对我们的美丽乡村建设与管理有着较大的影响，它是实现乡村土地合理配置和优化布局的前提，对政府管理部门制定农村建设用地规划、实现耕地占补平衡、缓解城乡用地矛盾具有重要的参考意义，同时对改善农村生产、生活和环境条件有着积极的作用。乡村居民点用地整理通过盘活土地资产与科学合理地进行乡村规划来振兴村级集体经济，促进农村剩余劳动力转移与农村人口适度集中。加强基础设施建设，促进农村城镇化的发展，有利于改变乡村脏、乱、差的面貌，提高乡村居民的居住环境水平和生活质量，改善乡村空间生态环境。

图3-5 乡村居民点布局规划效果

### 3. 加强空心村整治，充分利用闲置的土地资源，释放农村发展新活力

空心村是我国乡村发展中令人触目惊心的劣势发展村庄类型，是指乡村内部空置率在30%以上的乡村，是城市化、工业化的伴生物，是乡村人地关系变迁的地域现象。当前，我国空心村现象严重，呈现出几个方面的问题：一是人口空心化，村里大量中青年外流导致留守老人、留守妇女和留守儿童成为生活的主体；二是社会活力弱化，体现在村中缺少内生组织活力，公共生活发生退化；三是房屋闲置破损，严重的资源浪费阻碍了美丽乡村建设的步伐。目前，许多空心村建筑破败、人口结构失衡、环境脏乱，这些问题已严重影响到乡村居民的正常生产生活，也影响到乡村环境和村容村貌，治理空心村对于美丽乡村建设和乡村振兴变得尤为重要。

为了避免我们生于斯长于斯的家园衰退和破败，要深入推进空心村清理整治工作，严格管理宅基地的审批和使用，有效遏制废弃旧宅另建新宅、宅基用地超标、一户多宅等现象，避免新增建筑占用耕地现象，有效地优化村庄布局，保护

社会活力弱化　　人口空心化　　房屋闲置化

图 3-6　空心村三个重要问题所在

图 3-7　空心化村庄中的留守老人

图 3-8　断壁残垣的空心村

耕地资源，促进村民住宅建设由分散向集中、集约转变，改变村庄建设乱、散、差的局面。

## 4. 引导乡村建筑设计与风貌控制，加强古村古建保护工作

近些年，我国的乡村民居建设有一个较为普遍的问题引发社会关注，即许多乡村对于当地自有的建筑元素和文化元素汲取较少，毫无保留地废弃或拆除原有建筑，跟风模仿建设西式住宅，抑或是全村一个样建设小别墅，千篇一律的新建筑不仅有伤蕴含传统基因的村容村貌，同样也不利于乡村可持续发展。

图 3-9　缺乏个性的村庄建筑设计

图 3-10　盲目欧化的房子

　　因此，抓好乡村建筑设计与协调建筑风貌，组织设计、推广体现地域、民族和时代特色的农房建筑方案，引导形成特色乡村风貌，对于美丽乡村建设有着极为深远的意义。建筑设计要坚持"绿色、经济、适用、美观"的原则，实现布局合理、功能完善、设施配套、质量安全、风貌协调。要提倡个性化建筑，突出传统文化特色、地域特色、民族特色和艺术风格；不贪大，合理定位乡村的功能，加强建筑特色设计，打造建筑艺术精品；不追高，限定乡村建筑高度，要与自然生态环境相融合。通过匠心设计引导乡村建筑特色景观风貌的形成，要加强农房设计刚性管控，新建农房要符合宅基地用地限额、建筑层数和建筑面积的规定。同时要加强对古建筑、传统村落和传统民居的保护，以旅游景区景点的要求来保护、修缮和利用，以延续各乡村历史文化传承。

图 3－11　山西祁县谷恋村关帝庙院落保护修缮

图 3－12　浙江仙居县埠头村传统布局结构整体保护

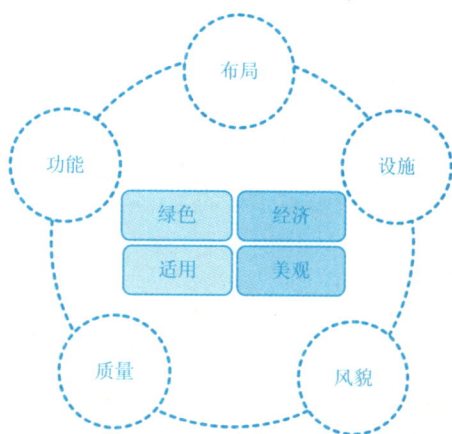

图 3 - 13 乡村建筑建造的原则和要求

## 二、多元特色的产业发展

伴随着工业化与城镇化的飞速推进，我国农业产业虽有较大发展，但也出现了传统农业逐渐衰弱、农村逐渐边缘化和空心化、农村生态环境逐渐恶化等问题。2013 年中央一号文件第一次提出建设"美丽乡村"，旨在通过农村一、二、三产业协调发展，构建农村城市共建共享、现代文明与自然生态高度融合的农村发展机制。美丽乡村建设的提出为新常态下乡村地区生态、文化与经济社会协同发展提供了新的思路，预示着我国乡村发展迈入了一个新的历史时期。目前，我国积累了以"生态农业"建设为核心的桠溪模式[4]（见图 3 - 14）、以"文化产业"建设为核心的安吉模式[5]（见图 3 - 14）、以"农业产业"建设为核心的楼下模式[6]、以"旅游产业"建设为核心的曾家模式[7] 等美丽乡村建设的实践经验。虽然这些模式存在差异，但本质上它们都是在依托地方现有的自然与人文资源、充分挖掘和拓展农业的内涵和价值、培育新型农业生产经营主体、发展多功能农业的基础上，形成的农村一、二、三产业融合发展的乡村建设格局[8]。

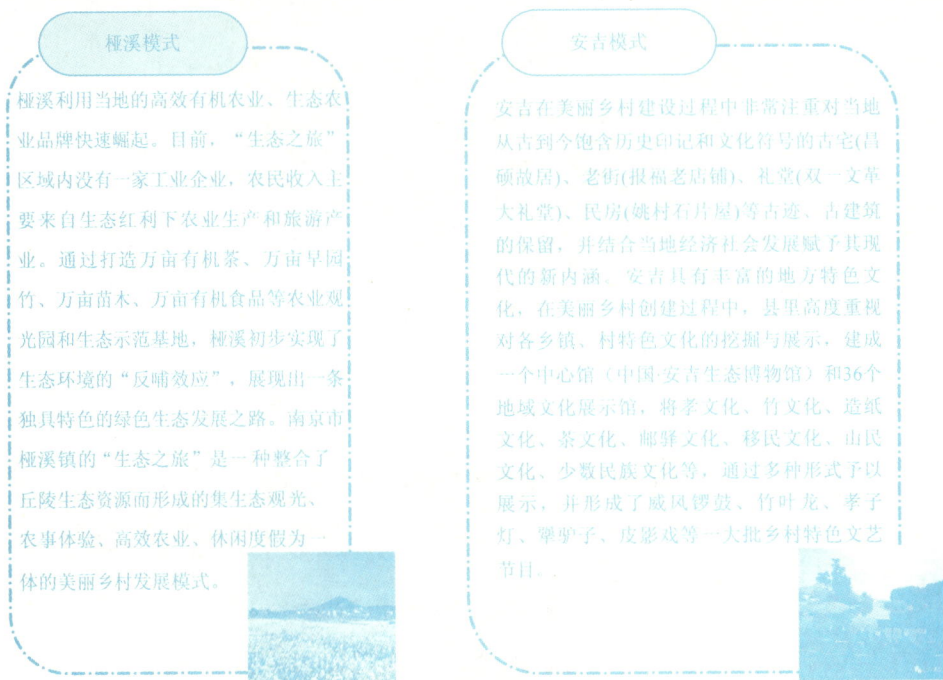

图 3-14　柳溪模式和安吉模式

## 1. 立足第一产业，夯实产业融合基础

　　发展美丽乡村产业，既要立足于既有的传统农业产业优势，又要推动现代农业高效发展。要积极发展绿色循环农业，根据时空条件差异科学地进行农业生产，要注意促进粮食、经济作物、饲草料三元作物种植结构协调发展；养殖业与种植业循环发展，推动农林、牧渔复合经营，构建粮经饲统筹、农牧结合、种养加一体、一二三产业融合的现代农业产业体系；推进优质农产品生产，保障无公害农产品、绿色食品和有机农产品的健康生产，建立从农田到餐桌的农业产品质量监督管理体系。加大标准农田建设，优化农业基础设施，合理整治农用地，提高耕地质量，加强农产品物流仓储等设施建设，保障现代化农业生产与销售流通的科学性，以规模化专业化引导现代精品特色农业[9]。

#### ◆ 乡村生态有机茶产业发展

　　贵州省纳雍县姑开乡永德村 2013 年种下高山生态有机茶 3200 亩，2018 年通过"公司＋合作社＋农户"的模式，茶产业面积已扩大到 5700 亩，可采摘面积达 2700 亩。茶产业是一个技术含量较高的产业，需要严格的种植管护技能。村民李光举在永德村领头创办的山外山有机茶叶开发有限公司将 22 个农民转型为专业技术管护工人，目前公司共有茶园基地 2 个，用工范围覆盖了姑开乡 4 个村 28 个村民组，每年的用工在 1.5 万人次左右，每年付给工人工资在 110 万元左右。茶产业的不断壮大，带动了周边群众不断脱贫致富。

图 3 – 15 茶产业

#### ◆ 科技农业、立体农业和休闲农业齐头并进

　　2018 年 11 月，湖南省醴陵市枫林镇试种的 500 多亩巨型稻迎来丰收，亩产预计可达 1.2 吨。该村巨型稻身形笔挺，穗长粒多，圆润饱满，平均每蔸水稻植株高达 1.8 米，最高可达 2.25 米。据悉，巨型水稻比一般常规水稻的生物量大 50% 以上，相比常规水稻每亩可增产 15% 至 20%，并具有高产、抗倒伏、抗病虫害等特点。更为难得的是，巨型稻米粒均匀，米质好，适口性好，经评估达到了国家优质稻谷标准三级，克服了水稻高产不优质的问题。兴坳村立体种养基地负

责人介绍，2018 年基地共引进种植了 300 亩巨型水稻，其中 130 亩采用立体种养模式，生长周期较长。

在立体种养模式中，巨型稻下还养殖了青蛙、泥鳅，这样一来，稻田里连基本的钙、硅等肥料都不需要施用，实现了全链条绿色生态种植，环保又高效，其中每亩水田的产蛙量高达 500 至 600 斤。

在特色养殖和休闲采摘方面，全镇共成立了 34 个农民专业合作社，开展乳鸽、黑山羊、青蛙、小龙虾、蜜蜂等养殖，其中"五福堂"蜂蜜荣获湖南省农博会金奖；隆兴坳村将军山生态茶厂出产的"醴陵白牙"连续两届荣获世界茶叶博览会金奖，枫林市村的丹枫果园涵盖桑葚、蓝莓等采摘项目，双井村流转土地 300 余亩成功打造了醴陵周边小有名气的猕猴桃采摘基地，每年吸引数万名游客前来体验休闲采摘项目。

图 3-16　枫林镇巨型稻

## 2. 延伸农业产业链，做深农产品加工业

做好农业产品初加工，以粮食、果蔬、茶叶等主要特色农产品为例，要做好其干燥、储藏保鲜等初加工，建设相关初加工综合配套设施，推进初加工全链条延伸基础性工作，加快农产品物流发展，实现农产品生产、加工、流通、消费的有效衔接；全面提升精加工与深加工，培育食品加工产业集群，提高农业产品转化的创新度与市场化，积极配合养老、养生和旅游等相关产业需求，推动初级产品

向信息化、智能化、成套化、大型化的精深加工发展；推动农业品和加工副产品的综合产业化，提高农业作物综合利用率，如对秸秆、稻壳、米糠、麦麸、畜禽骨血、水产品皮骨内脏等开展副产物梯次加工和全值高值利用[10]。

◆ **案例——乡村花椒产业发展**

　　花椒产业是四川汉源县在全国范围内具有突出比较优势的特色高效产业。在基地建设方面，汉源县不断加强标准化椒园建设，确保县内基地规模稳中有增，同时积极开拓县内适宜区域标准化种植基地，提高产量，提升品质，做大做强产业链"第一车间"。发挥龙头企业带动作用，引导、鼓励企业自建示范基地。如今，黎红、味佳等花椒深加工企业主动跟进，在贡椒核心区域建立花椒种植品种繁育和示范推广基地，并向种植户无偿提供种苗、肥料、农药和技术服务，实现标准化生产，提高农户抗御市场风险能力和发展种植业的积极性。

图 3-17　汉源花椒产业数据①

## 3. 做活第三产业，拓宽发展渠道

　　依托内蕴深厚的乡村文化，以休闲旅游导入逻辑，形成核心功能、配套功能和保障功能融为一体的多功能、综合性旅游型产业发展模式，建设乡村民宿、乡村农庄、乡村度假、乡村体验、乡村景区、乡村养老等以乡村旅游为代表的第三

----

① 刘逸梅，游飞.非一般的局：汉源花椒近年产量价格都翻番，原来和这个局有关[EB/OL].[2018-01-08].http://www.SOHO.com.

产业，打造以民族特色民宿和绿色生态餐饮为主要卖点的休闲农业观光园和农家乐项目，从而实现传统农业向生态化、规模化、专业化的现代农业产业转变，帮助乡村居民增收致富；同时引入"互联网＋乡村产业"模式结合村落的特色产业，推进大数据、物联网、云计算、移动互联网等新一代信息技术向农业生产、经营、加工、流通、服务领域的渗透和应用，促进农业与互联网的深度融合，利用互联网技术工具优势，打造电子化、可视化的农产品全过程履历和乡村生态环境监控信息平台等，实现美丽乡村产业发展的信息化快速发展；同时要注重农业流通服务的发展，鼓励各类流通把服务网点延伸至乡村基层，方便农业生产运输，培育有条件的农业主体形成"生产—加工—物流—销售"于一体的专项化、连锁化、个性化、便捷化服务[11]。

◆ **案例——旅游与农业的互补发展**

枫林镇是湖南省株洲市"四点一谷一片"的"北部旅游片区"中的重要组成部分，隆兴坳村可谓镶嵌在其中的一颗珍珠，地处"醴北人家"—"黄乡民居"核心区域。醴陵新八景之一的"耿祠荷风"便隐于隆兴坳村，以耿传公祠及中央景湖为中心，小桥流水、石板小路、农舍炊烟，处处诠释着醴北山区的别样风情。凭借优越的资源条件，隆兴坳村依据绿色发展原则，围绕旅游产业发展，结合当地资源、生态、区域优势，立足山、水、田、园，投入人力物力财力，大力整治人居环境，美化村容村貌，加强基础设施建设，硬化道路、兴建旅游环线，改造农田水利、建设旅游工程，打造了杜鹃谷、樱花坡，统一民居风貌，全力助推全域旅游发展，先后荣获"中国最美生态文化旅游名村""湖南省美丽乡村建设示范村"和"株洲市级卫生村"等称号。隆兴坳村形成以耿传公祠为核心，发展农家乐旅游、农耕文化展示与体验等组成综合旅游体，加之村集体农业发展有限公司以旅游和农业互补的经营模式，村庄发展取得了极好的经济效益与社会效益。

◆ **案例二——资本构筑三产延伸**

珠海市门斗区按照"资本＋合作平台＋农户"模式，以租赁、入股、众筹、合作经营等方式，从居、食、闲、礼四大模块出发，将斗门农村闲置房改造为民宿特色产品，继而叠加形成产业集群。进一步构筑休闲旅游、观光度假、农耕体验等相融合的产业链条，最终实现农民收入增加、村集体经济壮大、社会资本获利、政府社会效益提升的多赢局面。在发展和保留传统农业基本功能的同时，进一步

图 3 – 18　隆兴坳村鸟瞰效果图

开发融合"生产、生活、生态"为一体的休闲农业，使农业从第一产业向第三产业延伸。构建"春赏花，夏采摘，秋收获，冬精品"四季游业态，利用"花""乐""食""稻"等主题产品将农业的各个环节与旅游产品无缝衔接，形成密切相关的产业链，同时满足多方效益诉求。

图 3 – 19　斗门宣传图

## 4. 创新发展机制，促进产业融合

要积极培育多元化的农业经营方式作为融合主体，既要引导新型农民和务工返乡人员共建农业合作社和家庭农场作为基础，发展农业生产、农产品加工、流通、销售，开展休闲农业和乡村旅游等经营活动，又要培育壮大农业产业化龙头企业，引导其发挥标准化和规模化经营作用，重点发展农产品加工流通、电子商务和社会化服务；要积极促进多类型产业融合，乡村产业既要向生产性服务业、农产品加工流通和休闲农业延伸，也要推广"互联网＋"发展模式，支持各类产业融合主体借助电子网络优势打造农产品、加工产品和休闲旅游产品的线上营销平台，激发产业融合发展内生动力[11]。

◆ **案例——土鸡蛋"上网"**

光明村村支"两委"经过仔细考察分析，决定充分利用绿色生态土鸡蛋这一优势资源，成立"光明院种养殖专业合作社"，统筹负责土鸡蛋的销售，通过建立统一品牌、统一包装，建立网上销售渠道，提高土鸡蛋附加值和销售价格。同时，该合作社注册了商标"游小仙"牌土鸡蛋，从而提高鸡蛋的溢价，并且在多个互联网平台上开展销售。短短 4 个多月实现日订单 30 多盒，月销售金额 79800 元，预计年销售额 80 余万元。

◆ **农业部《全国农产品加工业与农村一二三产业融合发展规划(2016—2020 年)》发展目标**

到 2020 年，产业融合发展总体水平明显提升，产业链条完整、功能多样、业态丰富、利益联结更加稳定的新格局基本形成，农业生产结构更加优化，农产品加工业引领带动作用显著增强，新业态新模式加快发展，产业融合机制进一步完善，主要经济指标比较协调、企业效益有所上升、产业逐步迈向中高端水平，带动农业竞争力明显提高，促进农民增收和精准扶贫、精准脱贫作用持续增强。

——农产品加工业引领带动作用显著增强。农产品加工业产业布局进一步优化，产业集聚程度明显提高，科技创新能力不断增强，质量品牌建设迈上新台阶，节能减排成效显著。到 2020 年，力争规模以上农产品加工业主营业务收入达到 26 万亿元，年均增长 6% 左右，农产品加工业与农业总产值比达到 2.4∶1。主要农产品加工转化率达到 68% 左右，其中粮食、水果、蔬菜、肉类、水产品分别达

图 3-20 "游小仙"牌土鸡蛋

到88%、23%、13%、17%、38%;农产品精深加工和副产物综合利用水平明显提高。规模以上食用农产品加工企业自建基地拥有率达到50%,专用原料生产水平明显提高。

——新业态新模式发展更加活跃。农业生产性服务业快速发展,"互联网+"对产业融合的支撑作用不断增强,拓展农业多功能取得新进展,休闲农业和乡村旅游等产业融合新业态新模式发展更加活跃。到2020年,力争农林牧渔服务业产值达到5500亿元,年均增速保持在9.5%左右;企业电商销售普及率达到80%;农产品电子商务交易额达到8000亿元,年均增速保持在40%左右;休闲农业营业收入达到7000亿元,年均增长10%左右,接待游客突破33亿人次。

——产业融合机制进一步完善。农业产加销衔接更加紧密,产业融合深度显著提升,产业链更加完整,价值链明显提升。产业融合主体明显增加,农村资源要素充分激活,股份合作等利益联结方式更加多元化,农民共享产业融合发展增值收益不断增加。城乡之间要素良性互动,公共服务均等化水平明显改善,产业融合体系更加健全,培育形成一批融合发展先导区。

图 3-21　杭州莫干山乡旅产业民宿实景

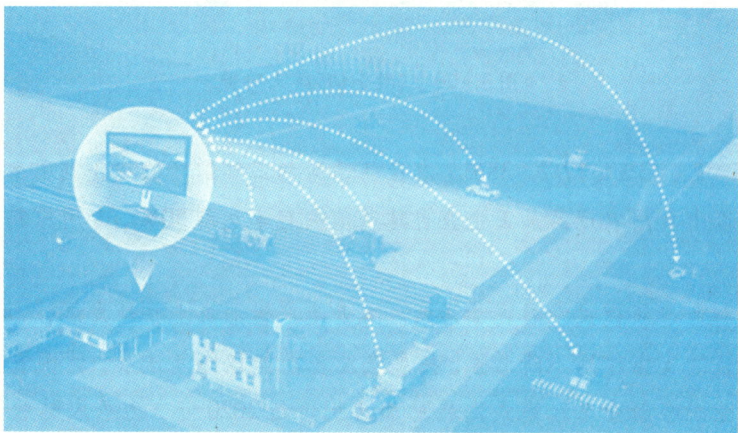

图 3-22　"互联网农业"前景可观

◆ 村民说

　　琼海市博鳌镇南强村采取"公司＋合作社＋农户"的经营模式，以"一园、三部落、多节点"为结构主体，精心打造南强客厅、凤凰客栈、凤凰公社、陶醉音乐酒吧、花梨人家、兄弟商行、凤鸣书吧、润华味之家等特色乡村旅游业态和"艺术＋"配套设施，打造乡村旅游产业。2017 年，村民人均纯收入近 2 万元。

"自从我们村打造美丽乡村以来，村容村貌发生了翻天覆地的变化，也吸引了不少的游客前来观光旅游。"村民莫壮陶说，在南强村美丽乡村开工建设时，他便将自家120平方米的房子改造成陶醉音乐酒吧，今年3月2日开始营业。"开业以来，每天基本上能有700元左右的收入。以前都是靠种植冬季瓜菜、槟榔以及农闲时就近打工，现在多亏了政府大力推进美丽乡村建设，让我们在自家门口就能吃上旅游饭。"

——摘自南海网2018年3月15日稿《琼海博鳌南强村打造美丽乡村 强化产业建设助村民增收》

## 三、清净绿色的生态环境

生态环境与我们日常生活息息相关，良好的乡村生态环境是乡村居民生活质量的基本保障。生态宜居也是建设美丽乡村和乡村振兴的重要标准，是以绿色发展引领生态振兴的关键所在。因此，在乡村建设和日常管理中要加强农村资源环境保护与乡村景观规划，坚持人与自然和谐共生，持续提升农村环境质量，重视塑造乡村地域特色景观，保护乡村景观田园文化特色完整性不受破坏，通过乡村景观资源产业结构调整等方式发展乡村旅游等多种经济；处理好乡村地区节能环保与景观资源开发之间的关系，促进乡村自然生态环境平衡发展，实现乡村的生产、生活、生态可持续发展目标。乡村建设既要绿水青山，也要金山银山。新时期必须要树立保护生态环境就是保护生产力、改善生态环境就是发展生产力的理念，以良好的农业生态环境助推美丽乡村建设。

### 1. 深入开展农村环境综合整治

县乡管理机构要精准掌握本地环境容量，做好近中远期环境规划，为制定乡村经济规划、产业布局提供科学依据，使经济发展建立在自然环境禀赋之上；建立常态化的清扫保洁机制，大力推进农村生活生产污水治理，解决污水横流、污染环境的突出问题；配套建设村庄基础设施，如道路、供水供电、燃气供应、通信网络、排水沟、污水收集管网、污水处理设施、路灯等建设；实施增绿护绿工程，坚守"山青、天蓝、水清、地洁"生态底线，大力实施绿村、绿道、绿水、绿园、绿景等工程，造就"村在画中、人在景中、河在绿中、房在园中"的人居环境；建立健全生态建设保护机制，严格执行耕地保护制度、生态环境保护责任追究制度，严厉惩戒破坏耕地、污染环境的违规违法行为，加强行为主体生态自觉意识，构筑生态安全网。广大乡村居民也应该积极树立环境保护意识，配合相关管理方深入开展农村清洁家园、清洁田园、清洁水源行动，解决农村垃圾、污水问题，让我们居住的房前屋后环境更加美好、拥有更多绿色。

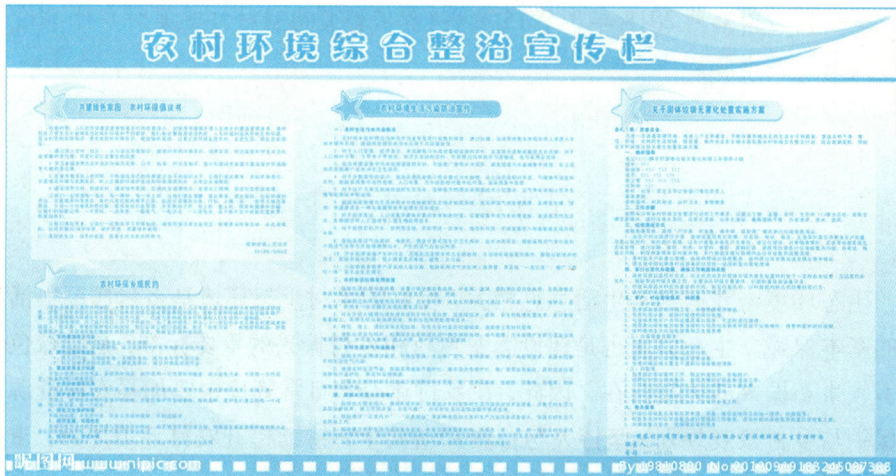

图 3-23　农村环境综合整治宣传栏

◆ 《全国农村环境综合整治"十三五"规划》目标

到 2020 年，新增完成环境综合整治的建制村 13 万个，累计达到全国建制村总数的三分之一以上。建立健全农村环保长效机制，整治过的 7.8 万个建制村的环境不断改善，确保已建农村环保设施长期稳定运行。引导、示范和带动全国更多建制村开展环境综合整治。全国农村饮用水水源地保护得到加强，农村生活污水和垃圾处理、畜禽养殖污染防治水平显著提高，农村人居环境明显改善，农村环境监管能力和农民群众环保意识明显增强[12]。

## 2. 积极打造具有田园特色的乡村景观

　　乡村景观是以农业活动为基础所形成的一种地域景观综合体，是融合土地自然条件、生产和生活成为一体的"农业生产景观"和"农民生活景观"。乡村景观区别于其他景观的关键在于乡村以农业为主的生产景观和粗放的土地利用景观以及乡村特有的田园文化和田园生活，这些独特的景观资源构成了乡村旅游资源的重要内容。乡村景观规划设计是以乡村自然景观、人文景观为基础，精心规划设计、合理开发利用，营造出的具有高品质的、对居民和游客具有吸引力的乡村生活空间环境，这个空间环境具有经济、社会、生态等综合效益[13]。合理安排乡村土地及土地上的物质和空间来为人们创造高效、安全、健康、舒适、优美的乡村环境景观，其目标是创造一个使乡村经济社会和生态环境相融合、可持续的生态系统，主要内容包括乡村景观空间结构研究、景观布局规划、生态景观细部设计和乡村景观管理等。

图 3-24　风景宜人的山村生态景观

图 3-25　别具特色的田园创意景观

# 四、便捷高效的公共服务

由于一般乡村尤其是自然村规模较小，布局分散，加之人才与科技条件缺乏，空心村情况普遍，很多乡村存在医疗、教育等公共服务设施缺失、社会保障体系不健全、劳动就业困难和居民日常商贸需求难以满足等服务问题，以及村内交通道路和通信线路优化、给水排水、垃圾处理和乡村户厕建设改造等基础设施问题。

◆ **厕所革命**

一直以来，农村的厕所简陋，存在粪水暴露、蚊蝇滋生等问题，成为美丽乡村建设的"绊脚石"。2015 年 7 月 16 日，习近平总书记到延边朝鲜族自治州考察调研，在与村民拉家常时说道："新农村建设也要不断推进，要来个'厕所革命'，让农村群众用上卫生的厕所。"从 2015 年起"厕所革命三年计划"实施，中国农村卫生厕所普及率稳步上升将近 5 个百分点，预计到 2020 年，将再提升 5 个百分点，达到 85%。

——摘自《中国新闻周刊》2017 年 11 月 30 日稿《"厕所革命"为什么这么重要？》

## 1. 健全公共服务体系，满足居民生活需求

建设美丽乡村，要健全公共服务，提高乡村居民生活便利程度，要着力完善公共服务体系建设，深入推进集就业社保、卫生计生、教育文体、综合管理、民政事务于一体的农村社区服务中心。健全以公共服务设施为主体、以专项服务设施为配套、以服务站点为补充的服务设施网络，加快农村通信、宽带覆盖和信息综合服务平台建设，不断提高公共服务水平[14]。全面提升农村教育、文化、卫生、社会保障等公共服务领域的发展水平，推进城乡缩差并轨，增强农民幸福感和归属感。

图 3-26　农村医疗、教育保障体系助益广大乡村居民

图 3-27　乡村文化建设极大丰富百姓生活

## 2. 完善基础设施建设，进行环境综合整治

美丽乡村建设要高度重视村庄基础设施的完善程度，深入推进道路硬化亮化工程、垃圾污水处理、村庄绿化与卫生改厕等基础设施建设，积极实施田园风光打造、入口标识建设、房屋立面改造等重点工程，改善农村人居环境。

图 3-28 打通"最后一千米"完善村路建设

图 3-29 "厕所革命"改善乡村卫生情况

# 五、积极健康的文化建设

美丽乡村建设不仅要加强空间环境等物质建设，也要重视乡土文化内涵的建设和塑造，丰富其文化品位，提升其文化品质。文化建设既要注重传统文化遗产的传承，也要将新时代文化思想与传统乡风美德相结合，塑造既有乡土特色又具有时代感的社会主义价值观念，还要同步做好乡村文化制度建设，形成良好的村规村风，更好地引领风尚、教育百姓、促进和谐、推动发展，打造具有文化底蕴与文化气质的美丽乡村。

## 1. 推动乡风文明建设

采取切合农村实际、贴近农民群众和群众喜闻乐见的形式，深入开展形式多样的乡风文明创建活动，以村规民约为载体促进乡风文明，把以"孝、善、勤、俭、诚、净、美"等为内容的传统美德和社会主义核心价值观传播出去[15]。以农村

"道德讲堂"为平台,以身边人讲身边事、身边人讲自己事、身边事教身边人,让广大党员干部和群众将崇德向善内化于心,外化于行。推动农民生活方式向科学、文明、健康方向持续提升。

图3-30　推进移风易俗　树立乡风文明

#### ◆ 服务乡村振兴与美丽乡村建设:让科普宣传与社科普及读物走进千家万户

《城乡居民家庭水环境》科普宣传:由湖南工业大学美丽乡村建设与发展研究中心研究生团队完成。活动实施期间,宣讲队员以"清泉润心甜,家庭水环境科普"为主题,在街头巷边向广大城乡居民宣传家庭净水使用的科学知识与技术方法;开设以生活节水与净水排放为主题的宣讲专栏,发放节水宣传指导资料,普及生活中的节水小窍门。

《趣谈人居环境》社科普及读物:该读物入选2016年度湖南省社会科学普及读物出版资助项目。读物主要包括"管中窥豹""雾里看花""自然天成""顺天应人""庖丁解牛""相得益彰"等章,采用通俗易懂、富有趣味的语言,配以多种形式的插图,辅以经典小故事、热点话题等来较为深入地展开对城乡人居环境的科普描述。

图 3-31　湖南工业大学开展的水环境科普宣讲活动

图 3-32　《趣谈人居环境》书影

## 2. 保护乡村特色文化资源

把遗产保护思想贯彻到乡村文化规划建设的全过程，挖掘当地乡土特色资源，尤其要把乡土中历史遗留的传统建筑、传统技艺、传统民俗和古树名木放在乡村文化建设的重要位置，以更好地发掘乡村人文和生态特色内涵。坚持边建设、边保护，提高对文物古迹的抢救力度、对传统建筑的修缮力度和对非物质文化的保护力度，确保村落民族历史风貌和乡土文化得以保护和延续，文化遗产景观得到有效维护和永续利用。努力保护民间艺人不断代，积极开展民间艺术培育工作，结合时代需求更好地传承民间非物质文化遗产。以乡村传统节庆活动为依托，深入发掘当地民俗文化和节庆文化资源，创造性地开展节庆民俗文化活动，搭建乡土和民族文化艺术展示及弘扬的平台。通过农旅或文旅结合的方式，拓展当地产业品牌文化的外延，注入更多的文化内涵，打造具有地方文化韵味展示的标志性景观；对美丽乡村在打造农旅、文旅结合的旅游品牌过程中给予财政和税收等方面的政策支持，帮助其提升特色、提高知名度，为乡村文化产业品牌"搭台唱戏"[16]。

◆ **地方说**

2016 年以来，重庆市文化委员会以规划政策为引领，积极推进特色乡村文化乐园建设，先后出台了《关于推进文化与旅游融合发展的意见》，制定了《重庆市文化产业发展"十三五"规划》《重庆市乡村文化乐园评选管理办法》等一系列政策措施，引导、推进相关市场主体开建一大批特色乡村文化乐园项目，取得了一定成效。为抵制农村"三俗"文化，将农家乐注入更多的文化元素，提升其文化内涵，在农村引领文化新风尚，2017 年，全市新建特色乡村文化乐园 30 余个，提档升级农家乐为文化乐园 15 家，储备项目 30 余个将陆续开工建设，完成新增投资 14 亿元。截至 2017 年底，全市已建成各类特色乡村文化乐园 80 余个，年营业收入超过 20 亿元。

——摘自重庆市文化委员会官网（www. cqwhw. gov. cn/content – 2593 – 8944 – 1. html）

图 3-33　郴州市西村坊古民居保护完善　　图 3-34　花鼓戏作为湖湘民间艺术走入新舞台

### 3. 加强文化制度建设

制定符合美丽乡村文化建设的规范制度，注重和规范乡村文化的广泛普及与科学规划，倡导多元健康有益文化融合发展，丰富乡村文化内涵底蕴，提升乡村文化品质。建立健全工作协调机制，形成共同推进的宣传教育联动机制。鼓励农民积极主动参与美丽乡村建设，发挥其创造性，推行政府主导和农民主体作用相结合的方式，坚持发挥村民在民意驱动、机制创新、组织带动等方面决策、建设、监管的主体作用[16]。制定并推广宣传村规民约，融入社会主义核心价值观，使居民正确认识爱国主义、集体主义、文明公约、法定义务、社会责任、社会公德、家庭美德等，树立良好的思想文化素质，引导村民树立崇实、真善、和谐等价值理念。

## 六、科学有序的基层组织

依法设立村级基层组织，包括我们平时常见的村党组织和村民委员会、村务监督机构、村集体经济组织、村民兵连及其他民间组织[17]。夯实农村基层组织建设，建设全心全意为人民服务的村委班子，提升乡村公共服务能力，加强村庄治安综合治理，促进精神文明和乡土传统文化有机融合发展。

### 1. 合理布置村部，完善村委功能

村民委员会(村部)及其他机构部门是乡村主要行政类基础设施。规划者需

要征求乡村居民意愿并根据现状及未来发展的需求选择一块适合村委会及其他行政部门的用地，或是在原址上进行更新改造，以便更好发挥村基层组织服务乡村建设发展的作用。乡村行政类设施一般主要包括村部九室：书记室、主任室、计划生育工作室、卫生室、党员活动室、图书室、会议室、活动室、值班室。

　　乡村村部一般布局在乡村主要道路以及较大的居民点或是学校附近，多为人口较为密集的区域，公共服务设施多集中布置。例如《山东省村庄建设规划编制技术导则》明确给出以下几种公共设施布局示意图（适用于村部）[6]。

　　公共设施的布点如图 3 – 35 所示。

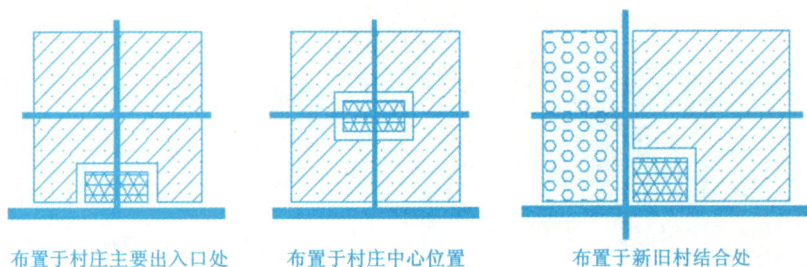

布置于村庄主要出入口处　　　　布置于村庄中心位置　　　　布置于新旧村结合处

图 3 – 35　村庄公共设施布点示意图

公共建筑排列方式如图 3 – 36 所示。

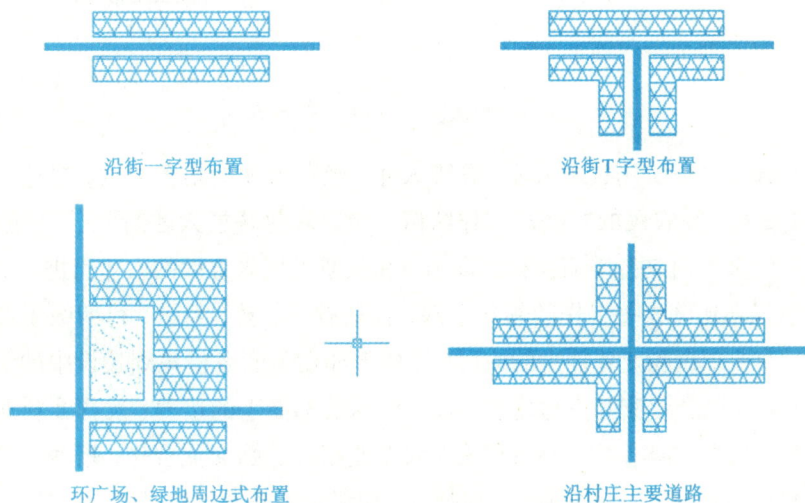

沿街一字型布置　　　　　　　　沿街T字型布置

环广场、绿地周边式布置　　　　　沿村庄主要道路

图 3 – 36　乡村公共建筑排列示意图

## 2. 有效推进乡村基层民主政治建设

进一步健全和完善党组织的决策机制，对美丽乡村建设中涉及的重大事项或与党员群众生产生活密切相关的重点问题，要充分尊重党员群众意见，不断提高决策质量和水平。村级财务要定期公开集体资产管理情况、建设美丽乡村中各级财政到村到户的优惠政策和资金、社会各界支持的资金和项目等[18]。健全相关议事规则，落实和完善"一事一议"制度，保障村民对美丽乡村建设的知情权、参与权、管理权和监督权，不断激发村民建设美丽乡村的积极性、主动性和创造性[19]。

图 3-37　坚持村党组织正确领导，
带动村民丰收致富

图 3-38　有效监督基层权力，
推进民主政治建设

## 3. 大力培养美丽乡村建设人才

要加强对乡村实用技术人才、管理人才、经营人才的培养力度，打造一支懂农业、爱农村、爱农民的"三农"工作队伍。制定农村基层人才"回流"实施办法，在政策和资金方面支持美丽乡村建设和乡村旅游发展等方面的人才引进。加强对负责村镇规划建设相关工作的领导干部，包括省、市县、乡镇、村四级干部的政治素养、专业知识和业务能力的培训，发挥干部在美丽乡村规划建设中的引导作用；加大对农民企业家和乡村建筑工匠、种养技术能手的培养，发挥乡村居民在美丽乡村建设的主体作用；要与相关涉农专业高校加强交流合作，培养一批有志于乡村建设的规划师、建筑师、工程师，以加强对美丽乡村建设的专业技术指导。

◆ **数据说**

　　农村双创是乡村振兴的生力军，2017年农业部门积极发挥牵头作用，抓政策、建机制、育主体、树典型、搭平台，推动农村双创取得了一定成效，创建了1096个农村双创园区、41个现代农业产业园，组织3万多人参加农村双创项目创意大赛，每年培训农村双创人员100多万人。农业部预计到2020年将培育1000万人次农村双创人才。

　　——摘自《人民网》2017年11月11日稿《农业部：到2020年培育1000万农村双创人才》

图3-39　大学生投身乡村事业

图3-40　人才引进乡村打造自主创业广阔天地

◆ **服务乡村振兴与美丽乡村建设：高校高级应用型专门人才培养的探索实践**

　　高等学校高级应用型专门人才的培养对于新时期乡村振兴战略的落实以及美丽乡村规划、建设的推进具有至关重要的作用。长期以来，高校普遍关注城市规划专业人才的培养和乡村规划教育所存在的缺失。乡村振兴战略提出后，一批高校面对"乡村振兴"国家重大战略需求，纷纷结合自身实际开展了"乡村振兴与乡村规划"高级应用型专门人才的培养探索实践，较具代表性的有：

　　同济大学率先将"乡村规划设计"纳入学科体系，成立乡村规划师团队，在全国发起乡村规划设计竞赛，承办了乡村规划教育论坛，编写了《乡村规划原理》教材（主编：李京生）。

　　湖南工业大学建立了较为完善的人才培养体系，在农村发展研究生专业下单独开设"生态乡村规划"研究方向；在城乡规划本科专业下计划单独开设"乡村振兴与乡村规划"招生培养方向；陆续编写了《生态乡村规划》（主编：赵先超、鲁婵）、《乡村治理与乡村建设》（主编：赵先超、周跃云）等教材。

◆ **服务乡村振兴与美丽乡村建设：高校代表性的教材建设**

《乡村规划原理》：主编李京生，2019年2月由中国建筑工业出版社出版，入选高等学校城乡规划学科专业评估委员会推荐教材。教材分三篇讲述了乡村规划的基本知识，乡村规划的构成，乡村规划的编制；详细阐述了乡村与乡村发展，乡村空间的解读，乡村规划的理论与历史，乡村的产业与乡村的类型，乡村居住与选址，乡村公共空间与设施配置，乡村遗产保护，乡村规划的定位与法规，乡村规划的编制方法。

《乡村规划与设计》：主编陈前虎，2018年7月由中国建筑工业出版社出版，为高校城乡规划专业规划推荐教材。教材主要内容包括乡村与乡村发展、乡村规划与设计概述、乡村调查与分析、村域规划、居民点规划、村庄设计等。

《生态乡村规划》：主编赵先超、鲁婵，2018年6月由中国建材工业出版社出版，为普通高等院校"十三五"规划教材。该教材由湖南工业大学美丽乡村建设与发展研究中心组织专家团队编写而成，教材第一章至第三章回顾了乡村的概念与乡村划分，提出了生态乡村规划的学科支撑与理论基础，简述了生态乡村规划及发展历程，介绍了生态乡村规划的方法和程序；第四章至第十章重点围绕生态乡村战略规划、产业布局与发展规划、居民点布局与节地控制规划、景观规划、基础设施与公共服务设施规划、环境规划、旅游规划等主题逐一介绍了生态乡村规划的主要专题规划内容；第十一章围绕生态乡村规划的编制依据、成果形式与要求、"多规合一"对生态乡村规划编制的"新"要求、"乡村振兴"对生态乡村规划实施的"新"要求、生态村规划建设模式等进行了阐述。


## 参考文献

[1] 周洪吉.村级土地利用规划研究现状与展望[J].住宅与房地产，2016(36)：32.

[2] 熊建华，韩书成，林嘉蕾.村级土地利用规划研究进展与展望[J].国土资源情报，2016(3)：35－40.

[3] 丁恩俊，骆云中，谢德体.我国农村居民点整理潜力测算方法研究进展[J].资源开发与市

场, 2007(1): 36 – 38.

[4] 南京市联合调查组. 建设全面协调可持续发展的美丽乡村——关于桠溪镇走绿色发展之路的调查报告[J]. 群众, 2012(6): 32 – 33.

[5] 舒川根. 文化创意与新农村建设的有机结合——以安吉县创建"中国美丽乡村"为例[J]. 浙江社会科学, 2010(7): 120 – 121.

[6] 刘姝. 美丽乡村特色楼下——记泰山乡楼下村美丽乡村建设的锦绣画卷[J]. 老区建设, 2012(19): 49 – 50.

[7] 陈桥. 依托青山绿水打造"三宜"美丽乡村[J]. 重庆行政, 2013(12): 108 – 109.

[8] 王丹玉, 王山, 潘桂媚, 等. 农村产业融合视域下美丽乡村建设困境分析[J]. 西北农林科技大学学报(社会科学版), 2017(2): 152 – 160.

[9] 乡镇论坛. 美丽乡村的"安吉模式"[EB/OL]. http: www.360doc.com/content/15/0127/12/79186_444153248.shtml. [2015 – 1 – 27].

[10] 承晨. 国际慢城的从容境界: 南京桠溪[J]. 人类居住, 2017(1): 24 – 27.

[11] 农业部关于印发《全国农产品加工业与农村一二三产业融合发展规划(2016—2020 年)》[J]. 休闲农业与美丽乡村, 2016(12): 22 – 37.

[12] 环境保护部、财政部联合印发《全国农村环境综合整治"十三五"规划》[J]. 中国环境管理, 2017(9): 5.

[13] 王崑, 王超, 张金丽. 乡村旅游景观规划设计初探[J]. 北方园艺, 2010(8): 107 – 109.

[14] 吴理财, 吴孔凡. 美丽乡村建设四种模式及比较——基于安吉、永嘉、高淳、江宁四地的调查[J]. 华中农业大学学报(社会科学版), 2014(1): 15 – 22.

[15] 陈善鹤. 美丽乡村建设实践模式探索[D]. 上海: 华东理工大学, 2014.

[16] 刘燕. 建设美丽乡村要有"文化内涵"[N]. 农民日报, 2017 – 02 – 04(3).

[17] 董国权. 深入推进美丽乡村建设 开启幸福美好新生活[J]. 吉林农业, 2016(17): 26 – 30.

[18] 程玉贤, 冯铁英, 张立伍. 农村基层党组织在美丽乡村建设中的作用研究[J]. 党史博采(理论), 2015(10): 46 – 48.

[19] 林镇毅. 充分发挥基层党组织在美丽乡村建设中的作用[J]. 人民政坛, 2017(12): 31 – 32.

# 第四章 | 安居乐业 美丽乡村之幸福人居

乡村生态文明建设是生态文明建设的重要方面。推进乡村生态文明建设，节约和保护农业生态资源，改善乡村人居环境，促进城乡协调发展，不仅是落实生态文明理念的重要举措，也是开展美丽乡村建设的重要着力点。居住作为乡村功能的重要内容之一，在美丽乡村规划建设中占据着重要的地位。村土地利用规划的有序进行、空心村的整治优化、居民点的合理布局、乡村建筑风貌的科学营造，是改善乡村人居环境、提升村民居住的幸福感和满意度、促进美丽乡村建设的重要内容。

## 一、集约节约的村土地利用规划

在美丽乡村建设中，土地是乡村最基本和最重要的生产资料，村民的衣食住行都离不开土地。因此，美丽乡村建设应该把土地利用规划放在首位。美丽乡村建设的任务很多、工作很重，做好村土地利用规划是其中最为基础性的工作。此外，美丽乡村建设中的各项具体要求，都需要村土地利用规划来落实[1]。

通过编制和实施村土地利用规划，认真研究美丽乡村建设中的土地问题，顺应农民的意愿，安排好农业生产、非农产业发展和乡村建设的各项用地。按照因地制宜、节约集约用地的原则，综合考虑村民住宅与各类基础设施、公共服务设施建设的关系。另外，要充分调动村民参与的积极性，在制定和实施规划中，都要积极引导村民合理地表达意见和想法，这才能为村民提供一个符合当地实际、与乡村经济社会发展水平相适应的生产和生活环境[2]。

## 1. 村土地利用规划的内涵

土地利用规划是通过制定和实施规划，对人们利用土地的行为做出相关的约束，指导人们合理利用各类土地，使有限的土地资源在部门间得到合理配置，从而在区域整体上实现土地资源的可持续利用[3-4]。根据美丽乡村的建设要求，应对乡村的土地进行综合整治，因此便催生了村土地利用规划这一新生事物。村土地利用规划主要是按照农村土地整治的要求，在乡镇土地利用总体规划的基础上，充实村土地利用内容，完善土地利用体系[5]。

## 2. 村土地利用规划的原则

（1）统筹兼顾。村土地利用规划首先要落实上位规划要求，统筹考虑村庄建设的现状、景观、道路、基础设施、公共服务设施等相关规划在土地利用上的需求，并结合村域特色资源和历史文脉，对各功能用地规模、结构和布局进行合理的安排。

（2）保护优先。在村土地利用规划中应优先保护自然生态空间，保护耕地和永久基本农田不被破坏，同时也应对历史文化村镇以及具有特色风貌的村庄进行保护，在规划中注重维护和延续村庄风貌特色。

（3）节约集约。对建设用地布局进行合理安排，减少土地浪费，优化布局模式，因地制宜推进村庄建设适度集中，对低效用地进行有针对性的开发改造，提升用地的效益。

（4）公众参与。在进行村土地利用规划编制前期，要充分听取村民的意见，充分尊重村民意愿。在编制的过程中和村民进行系统的沟通，村民可以参与到具体实施的环节中，要保障村民在规划编制各环节的知情权、参与权、表达权和监督权。

（5）简便易行。根据每个村庄的不同特征和现状，制定符合实际、具有可操作性的规划方案，规划成果应简明扼要、通俗易懂、实施方便，有利于村民了解。

## 3. 村土地利用规划的具体内容

（1）前期调研

进行村土地规划的基础是什么呢？那就是前期调研。调研包括收集自然资源状况、人口调查、社会经济发展、土地利用情况以及收集涉及土地利用的其他相关资料。收集资料最直接的方法就是实地调研。村土地利用规划覆盖的土地范围比较小，调查要细化到户，细化到地块。调查人员应走到田间地头、走到农户家里，实地了解情况，因为只有详细掌握乡村生产和生活的实际情况及农民的真实意愿，才能有针对性地解决美丽乡村建设中的实际土地利用问题。

表4-1　村土地利用规划基础资料调查分类表

| 调查类型 | 具体内容 |
| --- | --- |
| 行政区划 | 村庄区位、村域辖区等。 |
| 自然条件<br>与资源 | 1. 气候气象、地形地貌、土壤、植被、水文、地质、自然灾害等；<br>2. 水资源、旅游等资源能源以及自然保护区等生态资源。 |
| 人口情况 | 1. 总人口、总户数、户籍和流动人口变化等；<br>2. 人口年龄、劳动力就业、收入水平等。 |
| 经济社会 | 1. 村域生产总值、投入产出等，产业类型和结构，产业发展趋势；<br>2. 村域社会事业、商业服务业、历史文物保护等，基本公共服务设施配套建设、农业基础设施建设、内外交通运输现状、旅游业等。 |
| 生态环境 | 生态环境状况(土地沙漠化、盐碱化、土地污染、水土流失等)相关情况，生态环境保护现状等。 |
| 土地利用 | 1. 户均耕地、宅基地等，土地流转经营情况，村庄建设用地的利用变化和权属调整等情况；<br>2. 土地承包权、村内分地规则等。 |

（2）总体布局安排

前面已经提到村土地利用规划是对乡村土地上的各类功能用地进行合理安排、对建设内容进行合理布置的过程。因此，在进行村土地利用规划之前，应先落实乡级规划的要求。首先，对村内耕地总量、基本农田保护面积、村庄建设用地规模、人均村庄建设用地、户均宅基地面积、公共服务设施用地规模、基础设施用地规模等进行严格的控制，然后再对村内的生态空间、农业空间和建设空间进行合理的划分。值得注意的是，在建设用地总量不能突破和禁止占用永久基本农田的前提下，可预留建设用地总量的一部分，以此作为村庄新产业、新业态的发展用地。另外，还需要划定村镇建设用地边界、永久基本农田保护红线和生态保护红线。

（3）建设用地布局

村庄建设用地布局可以从"生产发展、生活宽裕、村容整洁"三个方面，结合乡村的农业生产、非农产业发展和人居环境改善的需要，合理安排乡村建设用地，引导村民集中居住。长久保护耕地，特别是基本农田，将优质的耕地集中到基本农田保护区内，有利于土地的高效利用。适当保障村民的生产用地，明确划分工业用地，支持乡村第二、三产业健康发展，注重第一、二、三产业的联动发展。此外要注意与村镇建设规划的有效衔接[6-7]。具体的建设用地布局包括宅基地布局、公共服务设施用地布局、道路交通用地布局、基础设施用地布局、绿化用地布局。

1）宅基地布局

宅基地的布局首先应该方便居民使用，其次应该营造出较好的居住环境，再根据不同居民居住的需求和对房屋类型的要求，综合考虑道路交通设施、公共服务设施、基础设施等建设情况来科学规划宅基地的布局。严格执行"一户一宅"政策，同时按照各省（区、市）宅基地管理办法确定的宅基地面积标准，确定规划期宅基地规模。对于规划新申请的宅基地，优先利用村内空闲地、闲置宅基地和未利用地，并严格控制在规定标准以内。

图 4-1　乡村住宅行列式布局模式示意图　　　图 4-2　乡村住宅组团式布局模式示意图

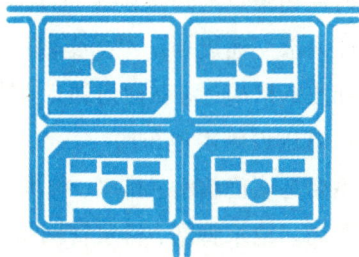

2）公共服务设施用地布局

公共服务设施是指为居民提供公共服务产品的各种公共性、服务性设施。按照具体的项目特点可分为教育、医疗卫生、文化娱乐、交通、体育、社会福利与保障、行政管理与社区服务、邮政电信和商业金融服务等。美丽乡村建设中应该按照城乡基本公共服务均等化这一目标，结合区位条件和发展定位，以人口为基础，对公共服务设施用地进行合理的配置，乡村公共服务设施具体包括公共管理、文体、教育、医疗卫生等设施用地以及兽医站、农机站等农业生产服务设施用地。

图 4 - 3　乡村住宅自由式布局模式示意图　　图 4 - 4　乡村住宅街巷式布局模式示意图

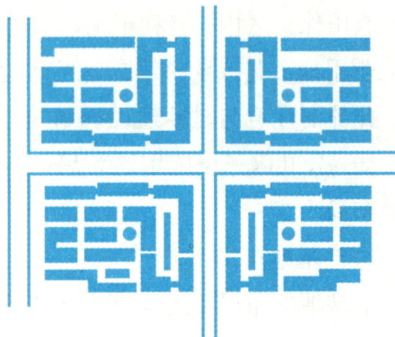

3）道路交通用地布局

乡村的道路交通应根据上位规划中的交通设施安排，合理确定乡村对外交通用地的规模和规划布局；根据实际需要制定与过境公路、高速公路的连接道路，以及村庄集聚点之间连接线的方案，明确各类交通道路的等级、走向、用地安排和村庄内部交通规划。根据交通现状和设施建设情况，提出现有乡村道路设施的修建和改造措施；对新建道路，应明确用地规模和布局。

4）基础设施用地布局

主要是明确给水、排水、电力、通信、燃气、环卫、防灾减灾等基础设施的规模和布局。给水管网、排水管网需以自流为主，给水管网可采取部分压力管网或布置增压设施以保障供水；电力电信工程应以上位规划为依据进行乡村电力电信规划设计，高压线远离人群密集区，一般电力电信管线主要沿道路布置；环卫路线应呈环线布置，环线的回程最好远离居民点；在防灾减灾的规划中，应严格按照消防、防洪、抗震防灾、防风、防疫和防地质灾害的要求进行统一部署。

5）绿化用地布局

在进行乡村的绿地用地布局时，应充分考虑村庄与自然景观的有机融合，合理确定绿地布局和规模。同时应体现地方特色，与周围环境相协调。绿地布局应细化到宅旁绿地、公共活动空间绿地、主要街巷等道路绿地、组团绿地以及绿化

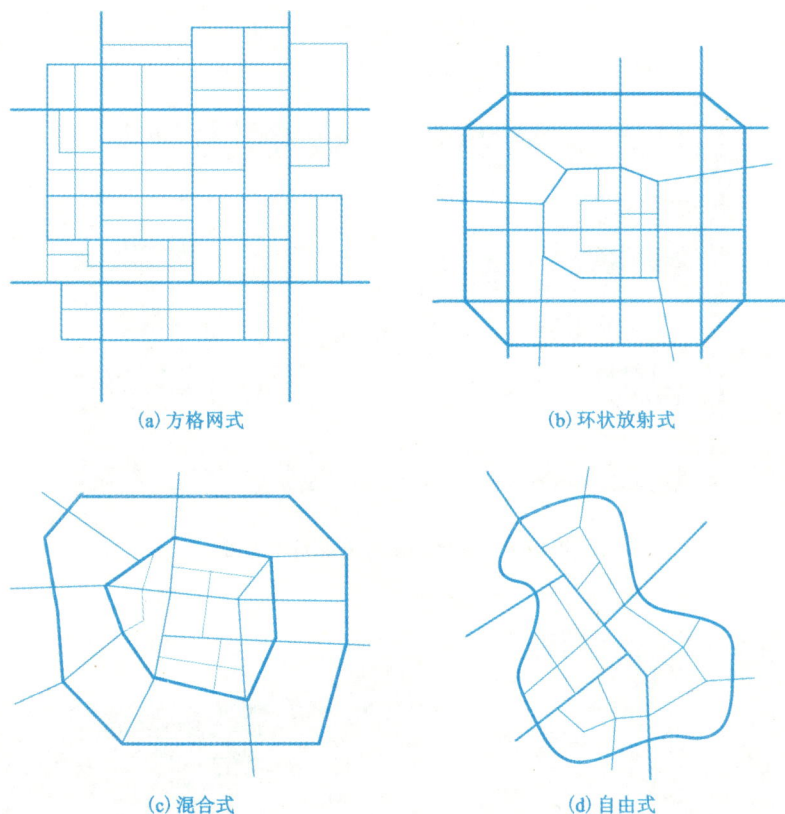

(a) 方格网式　　　　　　　　　(b) 环状放射式

(c) 混合式　　　　　　　　　(d) 自由式

图 4-5　乡村道路交通规划基本模式

植物种类的合理安排。

（4）农业用地空间安排

1）保护耕地与永久基本农田

耕地是人类赖以生存的基本资源和条件。美丽乡村建设需要依据上级规划，落实耕地和永久基本农田保护任务。基本农田是指按照一定时期人口和社会经济发展对农产品的需求，依据土地利用总体规划确定的不得占用的耕地。对基本农田实行永久性保护称为"永久基本农田"，永久基本农田无论什么情况下都不能改变其用途，不得以任何方式挪作他用。在乡村的规划调查中若发现永久基本农田内存在有非农建设用地或者其他零星农用地，在村规划中应当优先整理、复垦为耕地，规划期内确实不能整理复垦的，可保留现状用途，但不得扩大面积。

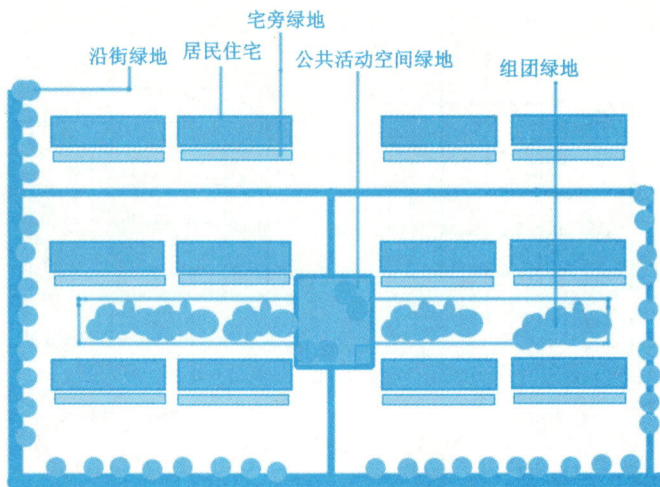

图4-6 乡村绿化用地规划示意图

图4-7 永久基本农田

图4-8 耕地

2）其他农业用地规划

除了耕地和永久基本农田，在美丽乡村规划建设中还需要结合农业生产的需求，合理确定用于农业生产的园地、林地、草地、水域等其他农业用地规模和布局，制定相关规划方案，明确管理和控制的规则。其他农业用地应遵循法定保护规则，并限制其他农业用地转为村庄建设用地。同时结合农业产业发展需求，建设相应的配套设施。

图 4 - 9  其他农业用地规模和布局意向图

（5）生态空间安排

1）确定生态用地布局和规模

对国家规定的以提供生态产品或者生态服务为主导功能的用地，应纳入生态用地保护。对其他具有生态功能且符合当地村民保护意愿的用地，可纳入生态用地保护。

2）明确生态用地管制规则

对具有特殊生态功能如水源涵养、生物多样性维护、水土保持、防风固沙等功能的生态用地，以及水土流失，土地沙化、石漠化、盐渍化等生态环境敏感脆弱区域，应严禁任意改变其用途。对生态用地中一般生态功能的区域，应限制开发利用。

## 4. 村土地利用规划的公众参与

村土地利用规划是对乡村居民的生产生活空间的调整，应当充分听取村民的意见。凡涉及集体土地所有权、土地承包经营权和集体建设用地使用权等权利调整的，应取得相关权益人的一致认同。在进行规划前，需创新公众参与的形式，规划编制应公开、透明，应及时公告规划方案、建设用地安排、土地整理、公共服务设施和基础设施建设类型、环境整治的内容、移民搬迁的具体事项等，广泛听取村民意见，征得大多数村民的同意，并接受群众和社会监督。公众参与可采用问卷调查、座谈等形式，有条件的地方也可采取信息化手段，广泛动员村民参与，充分征求村民意愿，切实维护村民权益[8]。

### 5. 村土地利用规划的实施保障

村土地利用规划在实施过程中，涉及各方面的问题，比如要保障乡级政府的组织工作、规划实施的资金平衡、权属调整的切实可行、规划实施的监督督促等工作内容[5]，村土地利用规划要保证村民能理解，可操作性较强，实施应具有连贯性，中间不能有长期停滞，另外，实施过程中要注重各专项规划的协调并进，对规划的时序要进行合理的安排，使各类专项规划以及村土地利用规划有序进行。

## 二、标本兼治的乡村空心化整治

乡村空心化，多以空心村的形式出现。空心村是指在村民新建住宅的过程中，由于村庄规划滞后等原因，农村居民点用地往往不能得到合理有效的利用，新建住宅大部分都集中在村庄外围，而村庄内却存在大量的空闲宅基地和闲置土地，形成了内空外延的用地状况。空心村整治可以帮助缓解新型城镇化过程中的土地需求增加等问题，对推进乡村建设、促进城乡一体化的协调发展具有至关重要的作用。空心村整治主要是通过生产、生活和生态空间的重构，合理规划乡村建设用地、农用地和公共服务设施用地，科学布局乡村空间，优化乡村土地资源配置，促进乡村土地健康有序发展[9]。

### 1. 乡村空心化的内涵

乡村空心化本质上是在城乡转型发展进程中，由于乡村人口向城镇转移，引起"人走屋空"的现象，以及村庄宅基地普遍"建新不拆旧"的做法，导致新建住宅逐渐向村庄的外围扩展，乡村用地规模扩大，"外扩内空"的不良演化过程就形成了乡村空心化。乡村空心化既包括乡村土地空心化、乡村人口空心化，也包括乡村产业空心化和基础设施空心化，在本质上表现为乡村地方经济和社会功能的整体退化[10]。

图 4-10　空心村

## 2. 乡村空心化的基本特征

（1）人口方面：乡村青壮年劳动力大量外出务工就业，在乡村居住的绝大多数是老人和留守儿童，这些人口劳动力水平低，呈现老龄化、贫困化趋势，人口、资金等要素主要流向城市，引起乡村经济的衰退和社会结构的变革。

（2）居住方面：村内可供居住的宅基地不断被闲置，而乡村边缘的宅基地面积却不断增加，村边缘的住宅规模、质量水平明显提高，村内的住宅却逐渐老旧直至被荒废，这就造成了乡村"外扩内空"现象。

（3）公共服务设施和基础设施方面：由于乡村长期"外扩内空"，引起乡村原有土地上的基础设施和社会服务空心化，进而导致乡村整体格局和景观风貌受到极大破坏[11-12]。

## 3. 乡村空心化的整治

乡村空心化的整治是美丽乡村建设面临的难点之一。空心化乡村的大量存在对乡村社会、经济、资源与环境等方面均产生了严重的负面影响。实践证明，空心村整则活、活则兴、兴则发，因而乡村空心化整治势在必行[13]。乡村空心化的整治主要应从农用地整理、划定永久基本农田整备区、未利用地开发、农村建设用地整理、土地复垦、土地生态整治等方面展开。

（1）农用地整理

主要结合永久基本农田建设、中低产田改造、农田水利建设、坡改梯水土保持工程建设等进行，从而完善农田水利设施，并有效改善农业生产条件。

图4-11　农用地整理

（2）划定永久基本农田整备区

在明确永久基本农田保护地块的基础上，结合当地自然经济社会条件、新农村建设和土地整治项目，划定永久基本农田整备区。并制定措施，对永久基本农田整备区内零星分散的永久基本农田和耕地实施整治，引导区内建设用地等其他土地逐步退出，建成具有良好水利和水土保持设施、集中连片的耕地。

图4-12　永久基本农田整备区

（3）未利用地开发

在不破坏生态环境的前提下，结合流域水土治理、农村生态建设与环境资源保护等，因地制宜地确定荒地、盐碱地、沙地等未利用地的开发用途和措施。

图 4－13　未利用地开发

（4）农村建设用地整理

按照乡级规划和土地整治规划要求，结合农房改建、村内道路改造、公共设施建设和环境治理，集中对散乱、废弃、闲置的宅基地和其他集体建设用地进行整治。

图 4－14　农村建设用地整理后风貌

**（5）土地复垦**

对生产建设活动和自然灾害损毁的土地，采取整治措施，使其达到可供利用状态。

图4-15　土地复垦

**（6）土地生态整治**

主要是针对水土流失、土地沙化、土地盐碱化、土壤污染、土地生态服务功能衰退和生物多样性损失严重的区域开展土地整治，修复土地生态系统。

图4-16　土地生态整治

**（7）其他整治**

结合美丽乡村建设，可根据需要开展水利、交通、景观风貌、村庄保留和改造等整治安排。

图4-17　乡村景观风貌整治

当前我国乡村空心村整治已出现了一些典型模式。新时期，要以美丽乡村建设为契机，通过政府的组织和政策的制定，推进乡村产业发展和宅基地合理使用，并且根据不同时期的发展目标运用不同的手段统筹城乡发展，使村镇与乡村达到有效的衔接。此外，美丽乡村建设也应强化中心村的基础设施建设，改善乡村的基础条件，通过综合整治提升乡村吸引力，促进空心村的内聚式可持续发展。

## 三、科学合理的乡村居民点布局

### 1. 居民点布局的内涵

乡村居民点布局是指在一定的地域范围内，通过对自然资源和社会经济条件的综合研究，从自然、社会、经济效益出发，根据居民点的性质、类型、作用以及相互之间的联系，按照一定的形式对不同规模乡村居民点所做的合理配置与重新安排[14]。

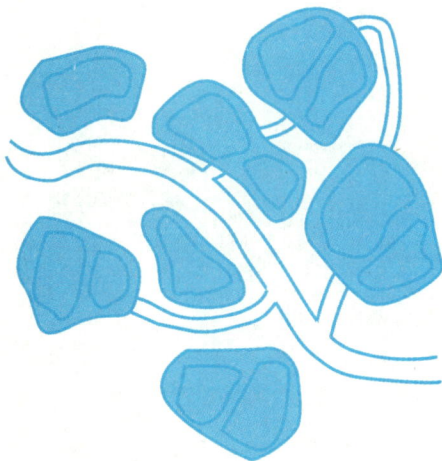

图 4 - 18　乡村居民点布局示意图

## 2. 居民点布局的影响因素

乡村居民点布局和区位评价是揭示居民点与各种环境因素之间关系的重要内容。不同地区的居民点受区域自然环境、生产环境、社会经济环境等因素影响十分明显且差异显著。

（1）自然环境

自然环境是乡村居民点形成和发展的基础。影响居民点空间布局的自然环境因素主要是地形和河流。高程、坡度、坡向等地形因子对平原地区居民点的影响较小，但却是决定山区居民点空间分布的主导因素；河流对居民点的影响既要考虑生产生活用水的方便性，也要考虑洪水对居民生命财产的威胁性；土壤侵蚀状况、环境地质灾害等自然环境因素也对乡村居民点空间布局存在影响。

（2）生产环境

生产环境是村民通过有意识的社会劳动创造的人工环境系统。影响乡村居民点空间布局的生产环境主要是农地环境。生产环境中的自然资源环境（农田、植被、牧草地等）也是影响乡村居民点区位选址的重要因素。

（3）社会经济环境

乡村社会经济环境对乡村居民点的动态迁移具有决定性的作用。其中，公路作为乡村与外界联系的重要交通之一，其可达性是制约乡村空间发展的重要因素。乡村居民点一般沿道路布置，主要原因是交通出行较方便，且与城镇的距离是影响乡村居民点布局的另一关键因素，通常居民点数量和规模与城镇距离呈负相关。此外，各种反映乡村集聚状态的指标，如乡村人口规模、农民人均收入、乡村工业化水平、村民生计方式、村镇等级规模等，以及各种衡量乡村经济水平的指标都会对乡村居民点的空间格局产生影响。

影响乡村居民点空间分布的因素是多方面的，除上述三种因素外，还有区位风水、文化习俗及一些突发性状况（如战争、灾害）等。因此，进行乡村居民点布局、区位评价及影响因素研究，不仅要充分考虑自然环境、生产环境及社会经济环境等因素的影响，还需开展主导当地乡村居民点布局特征因素的典型性研究。

### 3. 居民点布局的优化策略

优化布局是解决当前乡村居民点布局分散与土地低效利用的重要途径。目前采取的乡村居民点布局的优化策略主要包括等级优化模式、农户主导优化模式等。

（1）等级优化模式。什么是等级优化呢？等级顾名思义就是由大到小、由高到低、由优到差。对于乡村居民点布局的等级，首先可以根据乡村居民点的上位规划要求，结合乡村发展的现实状况，将乡村划分为重点城镇村、优先发展村、有条件扩展村、限制扩展村、拆迁合并村等，对每个村庄进行定性发展定位，这样便有利于居民点的合理布局；其次是根据村庄的定位，按照生产生活属性，把村庄划分为生产功能型、服务功能型、生活功能型等乡村居民点组团。

（2）农户主导优化模式。农户主导就是根据乡村居民的意愿，根据乡村居民的自身特征及其对乡村居民点整治的需求与偏好，把乡村居民点分为城镇转移模式、产业带动模式、中心村整合模式和村内集约模式。

实施乡村居民点布局优化首先应依据当地的社会经济、优化意愿及目标等实际情况，因地制宜地选择合适的优化策略；其次，在优化过程中要对所选取模式的组织、方法、程序与筹资等方面的实施和运作方式的可行性展开细致探讨；再次，要针对不同优化模式探索治理路径的选择方向并评价其实施效果，以改善和提升乡村居民点布局优化的实践效果；最后，推行乡村居民点的布局优化要循序渐进，充分考虑到对历史文化延续的重视，还要注重政府推动、规划引导与农户意愿的有机统一，真真切切地使农民成为优化活动的主体和受益者[15]。

## 四、独具匠心的村建筑风貌改善

### 1. 乡村建筑风貌的内涵

建筑风貌中的"风"，是指文化、经济、政治、风俗等非物质内容，是建筑风貌的精神内涵所在；而"貌"是物质载体、建筑风貌的外延，是建筑及其构成的物质空间。"建筑风貌"其实质是如何将风貌中非物质的内容转换为物质载体的过程[16]。乡村建筑传统风貌是乡村传统风貌表达的主要载体，是在漫长的历史演变中，通过自然环境与人文环境的相互渗透和变化而形成的，具有鲜明地域特色。

图 4-19　典型徽派建筑风貌

## 2. 乡村建筑风貌的营造原则

（1）应该从更广阔的人居环境学和社会经济学的领域对乡村环境进行彻底的调研评估，采用自下而上的研究手法，真实了解农户村民以及安置户等使用者对村居环境的实际功能要求和居住心理追求[17]。

（2）应不仅仅从个体上去引导建筑的单纯造型美感，还要将某一区域内的村落形态当成一个统一整体系统考虑。从各个历史文脉层面解析村落分布且划分成各种建筑风貌群，培育各个独立自主且互相关联的村落建筑风貌体系。

（3）需要充分发掘乡村民居建造过程中的特有内在规律和风貌构成原则，遵循"寻源—修复—培育—发展—形成"的村落建筑风貌形态培育成长全周期，在延续村落原有文脉特征的基础上促进新时代的现代建筑技术手法的吸收和发展。

（4）根据村居风貌发展阶段和村落形态构成实际状况，提出相应的阶段性动态弹性解决方案[18]。

（5）乡村建筑风貌的整治，既要满足人们生产生活的长期需求，又要保护好人们赖以生存和发展的自然、水体、大气、土地等资源，使人与自然长期和睦相处。所以在乡村建筑风貌的规划整治中，要正确处理好生产与生活、局部与整体、现代与传统、保护与发展的关系。

（6）保护与发展相结合的原则。乡村建筑风貌整治，要注重环境与建筑风格，充分体现地方特色、文化特点和时代特征，融田园风光、人文景观和现代文明于一体。乡村建筑风貌整治规划要充分利用自然地理优势，灵活布局，使之与自然环境和谐共融，丰富乡村建设的文化内涵，突出地方特色。综合考虑乡村发展的各种需求，合理布局，使规划建筑和保留建筑有机融合，以适应土地开发、房屋征收及市场运作的实际需要，并达到经济效益、社会效益和环境效益的统一。在整治规划中充分考虑居民的生产生活要求，完善基地内路网系统和基础设施，并配套一定的公共服务建筑，以满足村民日益增长的文化发展需求[19]。

## 3. 影响乡村建筑风貌的因素

（1）乡村建筑风貌的基底——自然条件因素

自然地理环境中的地质地貌、气候水文、自然资源等要素对乡村建筑形式和建筑风格都有深远影响。自然条件因素的印记在建筑上显而易见，是建筑区域性表达的成因之一。

1）地形地貌因素

地形地貌是区域建筑风貌形成的基础条件，地形地貌特征潜移默化影响了建筑形式，形成了不同地区不同建筑风貌特征。①地形地貌因素主要影响了建筑布局和建筑选址、建筑墙体；②地质因素影响了房基地的承载能力和稳定性[20]，在选择房基地时，由于要考虑地质灾害的影响，建筑布局会出现灵活多变的情况，在地质条件较差的地区，建筑布局一般比较零散，建筑层数较低，地质条件较好的地区，建筑多为集中布局，建筑层数相对较高；③受地质情况影响，建筑设计与施工过程中，会考虑采取何种建筑结构样式以及是否采取加固方案，建筑墙体也会因地质条件不同呈现不同厚度，建筑材料的选择也相应受到影响；④建筑选址会受建设用地情况影响，平原地区建设用地较多，建筑多集中布局，院落较宽阔，建设用地少的地区，建筑多依山就势，分散错落布局。

图 4－20　山地地形地貌对建筑布局的影响

2）自然资源因素

乡村自然资源状况决定了区域建筑材料的使用，特别是在经济不发达地区，受交通运输条件的影响，这类乡村一般就地取材。建筑材料作为建筑的物质基础，受地质条件和自然环境要素的影响，有着明显的区域性，因此建筑材料决定着建筑风貌特征。如我国东北、华北、华南地区盛产高大坚韧的乔木，该区域的建筑一般以木构架建筑为代表，木构架一般作为屋顶和屋身的骨架，墙体一般不承重；在黄河中游地区的陕西、河南等地由于黄土堆积较厚，最厚可达400米，很难找到石料，因此产生了窑洞这种独特的建筑形式。

图4-21  干旱区自然因素对建筑布局的影响

3）气候气象因素

从古至今，气候气象因素一直是建筑营造和发展演变的关键因素之一，也就是说当气候气象条件与人们自身生活舒适性需求产生矛盾时，人们会对建筑采取一系列措施，实现建筑对气象气候条件适应性[21]。因此，建筑形式、构造、建筑色彩以及细部构件都能体现出建筑对气候的适应性。影响建筑风貌发展变化的主要气候气象因素包括太阳辐射、气温、降水、风等。

（2）乡村建筑风貌的灵魂——文化社会因素

1）文化因素

乡村的自然环境因素决定了乡村建筑的物质形态，而社会文化要素决定了乡村建筑风貌的精神内涵。各地区的历史文化、风俗习惯不同，建筑风貌的营造手法也不尽相同，乡村的历史文化影响着乡村的建筑特色，乡村的建筑又反过来反映出地方文化、居民的文化素养以及品格情操，二者相辅相成，互相影响。文化在建筑形式、建筑材料、环境与建筑自身的各个方面，在建筑选址、建筑形式、建

图4-22　热带气候因素对建筑布局的影响

筑屋顶、门窗以及细部装饰等方面都能体现出来。

2）社会因素

社会因素包括政策、舆论、村规民约、伦理道德、审美习惯等。同一个区域的建筑，在不同的社会阶段，受社会因素的影响会呈现出不同特征。传统村落之中，历史建筑的布局及街巷走向均体现出一定的秩序，如社会地位、长幼次序等。现代建筑多考虑经济实用和新能源、新技术的应用，建筑平面与外观、建筑材料与传统民居截然不同。此外，建筑风貌还受到家族繁衍状况、经济能力和社会地位影响，家族实力较强的，一般建筑体量较大，建筑细部较精致，建筑色彩也比较丰富。

### 4. 乡村建筑风貌的整治内容

（1）物质层面的整治

建筑风貌物质层面的整治主要是运用施工技术和建筑材料对建筑结构进行修缮和改造。整治对象是展示建筑外观风貌的建筑构件，包括墙体、屋顶、门窗等，整治重点是功能修复和美化。其中：①建筑墙体是建筑的围护和结构构件，起到承重、围护、分隔的作用。墙体能防止太阳辐射和噪声干扰，能抵御风、雨、雪的侵袭，能起保温、隔热、隔声、防水的作用。②建筑屋顶是房屋或构筑物外部的顶盖，分为坡屋顶和平屋顶两种样式，屋顶主要作用是承重、维护（隔热、防晒、防雨）、装饰，其中坡屋顶还有防太阳辐射、通风散热、防屋顶积水的功能。③门窗按其所处的位置不同分为围护构件或分隔构件，具有保温、隔热、隔声、防水、防火等功能，门窗还是建筑造型的重要组成部分，门窗的形状、尺寸、比例、排列都影响建筑风貌。

图4-23 浙江省杭州市富阳区洞桥镇文村建筑墙体整治前后对比图

建筑风貌的整治，一方面是针对建筑外墙、建筑屋顶、建筑围护门窗这些展示建筑风貌的建筑部件的整治，目的是通过修缮和改造，恢复建筑外墙的承重、维护（保温、隔热、隔声、防水等）功能，恢复建筑屋顶的承重、维护（隔热、防晒、防雨、通风散热、防积水等）功能，恢复建筑门窗的维护（保温、隔热、隔声、防水、防火）功能。建筑部件功能的恢复是通过建筑材料的应用和替换来实现的。另一方面是建筑的美化，可以通过建筑部件形式和比例的设计、建筑色彩的整治来实现的。

表4-2 乡村建筑风貌整治内容

| 建筑风貌要素 | 主要整治内容 |
| --- | --- |
| 建筑墙体 | 建筑材料、色彩 |
| 建筑屋顶 | 屋顶样式、建筑材料、色彩 |
| 建筑门窗 | 门窗样式、门楼样式、建筑材料、色彩 |

（2）文化层面的整治

文化是建筑之魂，不同文化背景下，建筑风貌是有区别的。如今乡村"千村一面"问题就是建筑风貌精神内涵的错误表达。建筑风貌特色是在区域文化背景下，建筑平面与外观、建筑材料、建筑色彩、建筑细部构造和装饰的特色体现。乡村建筑风貌文化层面的整治不仅要进行居住安全性修缮，还应该注重建筑部件精神内涵的整治和修复。具体的整治手法有：①对传统建筑、历史建筑要注重保护建筑的历史信息，包括平面、立面以及室内装饰、雕刻等。禁止任何新建或重建，可在严格考证的基础上，对建筑原样修复，确保历史真实性。②对于既有的风貌有问题的建筑，应用传统文化符号对建筑立面、建筑形式、建筑细部、建筑色彩等进行改造提升，使其既满足适用功能，又与区域文化背景相协调。③对于新建建筑，要立足发展，考虑长远，建筑风貌整治时不能盲目地照搬传统建筑元素，应注重传统文化要素的继承和发展，使整治后的建筑风貌既符合传统文化要求，又体现出时代特征[22]。

图4-24 乡村建筑文化风貌延续

## 参考文献

[1] 陈荣蓉，叶公强，杨朝现，等.村级土地利用规划编制[J].中国土地科学，2009，23（3）：32-36.

[2] 董祚继，吴运娟.中国现代土地利用规划——理论、方法与实践[M].北京：中国大地出版社，2008：10.

[3] 王万茂.规划的本质与土地利用规划多维思考[J].中国土地科学,2002,16(1):4-6.

[4] 陈美球.土地利用规划中的宏观调控与市场调节[J].广东土地科学,2006,(6):7-10.

[5] 徐忠国,华元春,倪永华.美丽乡村建设背景下村土地利用规划编制技术探索——以浙江省为例[J].上海国土资源,2014,35(1):55-63.

[6] 叶斌,王耀南,陶德凯,等.基于城乡统筹的涉农镇街土地利用与发展空间保障的研究[J].上海城市规划,2012,(4):63-69.

[7] 杨贵庆,刘丽.乡村社区单元构造理念及其规划实践——以浙江省安吉县皈山乡为例[J].上海城市规划,2012,(5):78-83.

[8]《城乡建设》编辑部.《村土地利用规划编制技术导则》出台[J].城乡建设,2017(20):5.

[9] 赵明月,王仰麟,胡智超,等.面向空心村综合整治的乡村土地资源配置探析[J].地理科学进展,2016,35(10):1237-1248.

[10] 刘彦随,刘玉,翟荣新.中国乡村空心化的地理学研究与整治实践[J].地理学报,2009,64(10):1193-1202.

[11] 薛力.城市化背景下的"空心村"现象及其对策探讨——以江苏省为例[J].城市规划,2001(6):8-13.

[12] 邢成举.山区与平原"空心村"的差异分析[J].中国乡村发现,2008(1):28-31.

[13] 王海兰.乡村"空心村"的形成原因及解决对策探析[J].乡村经济,2005(9):21-22.

[14] 匡垚瑶,杨庆媛,李佩恩,等.城乡结合部乡村居民点布局优化研究进展[J].绿色科技,2017(6):183-187.

[15] 邹利林,王建英.中国农村居民点布局优化研究综述[J].中国人口·资源与环境,2015,25(4):59-68.

[16] 刘西."新乡土主义"在建筑风貌研究中的应用探讨——以广西大明山国家级自然保护区建筑风貌研究为例[J].规划师,2009,12(25):43-46.

[17] 渠岩."归去来兮"——艺术推动村落复兴与"许村计划"[J].建筑学报,2013(12):22-26.

[18] 李乘,吴凯祥,沈杰.建构浙北乡村建筑风貌体系的思考和实践——以德清县乡村建筑形态调研和设计为例[J].建筑与文化,2017(6):194-196.

[19] 杜金林.漫谈乡村型村寨建筑风貌整治[J].城建档案,2016(8):102-104.

[20] 关丽娜.河北省承德地区乡村住宅空间模式研究[D].石家庄:河北科技大学,2010.

[21] 张毅.自然地理环境对建筑的影响分析[J].哈尔滨师范大学自然科学学报,1997(6):88-93.

[22] 毕宏伟.承德市域乡村建筑风貌整治研究[D].石家庄:河北师范大学,2017.

# 第五章 | 因地制宜　美丽乡村之产业发展

建设美丽乡村，产业发展是根基。从这个层面上讲，新时期推进美丽乡村建设的关键就是推进乡村产业转型以及推进特色产业发展。

## 一、各具特色的产业发展模式

做好美丽乡村产业规划的关键在于因地制宜地选择不同的发展模式，促进产业的高效发展。参考乡村产业的分类，可划分为五种乡村产业发展模式，分别为：高效农业型、生态保护型、休闲旅游型、渔业开发型、文化传承型。

### 1. 高效农业型

高效农业型产业发展模式主要是指对于一些以农业生产为主要经济收入的乡村，利用现代化农业生产技术来提高生产，促进农业的全面发展。该模式的特点是进行农业生产的水利设施完善、农业机械化水平高。例如福建省漳州市平和县三坝村。该村在创建美丽乡村产业过程中充分发挥森林、竹林等林地资源优势，以玫瑰园建设带动花卉产业发展，壮大兰花种植基地，推动现代高效农业快速发展。同时，该村进一步整合资源，发展千亩柚园、万亩竹海、玫瑰花海等特色观光旅游，构建观光旅游示范点，提高吸纳、转移、承载景区游客的能力。从实施效果来看，高效农业产业模式极大地促进了福建省漳州市平和县三坝村的产业发展。

图 5 - 1　福建省漳州市平和县三坝村的广袤农田

## 2. 生态保护型

生态保护型产业发展模式主要是指在生态优美、环境污染少的地区，合理组织农、林、牧、副、渔业发展。生态保护型产业发展模式的特点是乡村的自然条件优越，水资源与森林资源等各种资源丰富，具有传统的田园风光和乡村特色，生态环境优美，具有将生态环境优势转变为经济优势的潜力。例如浙江省安吉县山川乡高家堂村，该村积极围绕"生态立村—生态经济村"这一核心发展理念，在保护生态环境的基础上，充分利用环境优势，把生态环境优势转变为经济优势，把发展重点放在做好改造和提升笋竹产业上，以此形成了特色鲜明、功能突出的生态农业产业布局。现如今，高家堂村生态经济快速发展，以生态农业、生态旅游为特色的生态经济呈现良好的发展势头。

## 3. 休闲旅游型

休闲旅游型产业发展模式主要是指旅游资源丰富，住宿、餐饮、休闲娱乐设施齐全，交通便捷，在适宜发展旅游的乡村地区建立的产业发展模式。例如江西省婺源县江湾镇，该镇为使更多群众受惠于乡村旅游，积极引导开发农业观光旅游项目，打造篁岭梯田式四季花园生态公园，使农业种植成为致富的风景，成为乡村旅游的载体。围绕"吃、住、行、游、购、娱"要素，江湾镇旅游有效带动了工艺品生产销售、饮食等服务行业的发展，从而有效促进了乡村居民收入的提升和

图 5 - 2　浙江省安吉县山川乡高家堂村山清水秀

乡村发展。

图 5 - 3　江西省婺源县江湾镇休闲旅游产业

#### 4. 渔业开发型

渔业开发型产业发展模式主要是指在沿海和水网密集的渔业产业区(包括海水养殖业和淡水养殖业),乡村根据水产品需要量、养殖面积、单位养殖面积产量进行开发的产业模式。例如,甘肃天水市武山县推广鲑鳟鱼为主的冷水鱼品种,培育发展休闲渔业。目前,全县渔业产业实现了从粗放到精养、从单一的养卖到提供垂钓、餐饮、休闲观光等综合服务方式的巨大转变,养殖规模不断扩大,呈现出良好的发展态势。武山县在渔业开发过程中积极发挥自身环境优美、产品绿色环保的优点,为人们提供休闲娱乐、观光垂钓、农家餐饮等服务,延长了渔业产业链,经济效益翻倍提高,成为渔业经营方式创新的典型。

图 5-4 甘肃天水市武山县渔业产业

#### 5. 文化传承型

文化传承型产业发展模式主要是指在具有特殊人文景观,包括古村落、古建筑、古民居以及传统文化的地区,乡村文化资源丰富,适宜发展文化传承型的产业模式。例如,河南省洛阳市孟津县平乐镇平乐村以牡丹画产业发展为龙头,扩大乡村旅游产业规模,探索出了一条新时期依靠文化传承建设的生态乡村产业发展模式。"小牡丹画出大产业"的平乐村被河南省文化厅授予"河南特色文化产业村"荣誉称号,平乐镇被文化部、民政部命名为"文化艺术之乡"。

图5-5 平乐镇平乐村的牡丹画产业

## 二、另辟蹊径的传统产业转型

### 1. 乡村传统产业的内涵

传统产业一般是指工业化进程中或前期保留下来的一些产业，主要以投入大量的自然资源、劳动力和资本来促进自身发展，多以传统技术为主，对资源具有严重的依赖性[1]。主要包括农林牧渔、饮食加工、纺织服装、机械设备、冶金、建筑、金融保险、交通运输和汽车工业等。对于乡村传统产业来讲，则主要是指第一产业，如小麦、水稻、油菜花、茶叶和有机蔬菜等。

### 2. 乡村传统产业的功能

（1）提供基本生活资料

古往今来，乃至永远，人们总要吃饭、穿衣、行动、居住、看病、休闲等。而保证这些活动得以继续进行的基础，则是各式各样的生活资料。那么，这些生活资料是怎么来的呢？是由各式各样的传统产业生产出来的。因此，如果乡村传统产业的生产活动一旦停止了，那么，人们各式各样的消费活动也就随之而停止了。

（2）提高人们生活水平

同样，人们不仅要生存，还要发展，即人们不仅要生活，还要生活得更好。而保证人们生活水平不断提高的物质条件，也是以传统产业为基础创造出来的。传统产业的生产活动一旦停止了，那么，人们就从根本上失去了提高生活水平的基础，从而人类更高级的历史活动也就不存在了[2]。

### 3. 乡村传统产业转型升级的原则

（1）节约资源能源

节约资源和能源是我国传统产业转型升级所应遵循的首要原则。一方面，通过技术创新和设备改造提高劳动生产率，提升资源和能源初次利用效率，减少单位产品资源能源消耗。同时，通过发展循环经济和再制造，提高资源回收和再利用率。另一方面，将传统产业升级的重点放在尽可能消耗较少资源能源的产业链高端环节，减少资源能源消耗较多的低端环节。

（2）保护生态环境

一方面，鼓励采用清洁、绿色生产方式，从源头上尽可能消除和减少污染物排放及对环境的损害；另一方面，积极发展再制造和循环经济，将生产过程产生的废弃物进行再次利用，将对生态环境的影响降低到最小，同时建立对环境污染的补偿和惩罚机制。

（3）适应市场变化

生产的最终目的是消费，产业结构要与需求结构及其变化相一致，实现供给结构与需求结构的动态衔接，使产业发展主动适应需求结构和国内外市场的变化。传统产业转型升级要逐步淘汰市场衰退、需求量大幅下降的产品和技术，转向市场需求增长较快、需求的收入弹性较高、未来发展潜力较大的产品和产业。同时，适应需求多样化和个性化的发展，建立更加灵活的生产方式。

### 4. 乡村农业产业转型升级途径

（1）以鼓励土地流转为突破口，实现农业生产规模化

在农户自愿的前提下，通过农户土地承包经营权入股、转租承包等方式，发展壮大专业大户、家庭农场、专业合作社、农业企业等多种能降低生产成本、减

少农业交易成本的新型农业经营主体。积极解决土地细碎化问题，实现承包地的集中经营，实行农业生产规模化、专业化、现代化经营，并保存大自然本源的生态面貌，节约生产成本，增加农业生产收益。

（2）以健全农业产业链为纽带，实现农业生产一体化

积极健全农业产业链，实现农业生产各个环节的改造升级。在低端生产环节，提高优良品种供给保障能力，坚定不移地推进农林牧副渔良种苗木的供应，从源头上保障低端生产安全；在产品加工处理环节，注重加工新产品与加工新方法的研究开发，形成一体化配套、快捷的技术服务体系；在运输交易环节，通过现代农业信息化的建设，保证农业产业的运输交易[3]。

## 三、集群创新的新型产业发展

### 1. 乡村旅游业发展

（1）乡村旅游的概念内涵

近年来，随着社会经济的发展和人民生活水平的提高，随着城市居民闲暇时间的增多，以乡村生活、乡村民俗和田园风光为特色的乡村旅游迅速发展。一些城市周边形成了乡村旅游休闲度假带，有些地方的乡村旅游正在成为当地的特色产业。乡村旅游的发展为地方经济与和谐社会的建设做出了贡献[4]。

乡村旅游是指以乡村田园风光、农林资源、自然生态环境为载体，以农业生产活动和民俗民艺传承活动为主要吸引物，以都市居民为目标消费人群，以领略乡村田野风光、体验农事生产劳作、了解风土民俗和回归生态自然为旅游目的的一种旅游体验方式。

（2）乡村旅游的发展历程

乡村旅游整体发展可以分成1.0到4.0的代际模式，即从乡村旅游最初的雏形，也就是农家乐的基础上，发展到乡村休闲阶段，开始包含一些体验产品，再到形成乡村度假的发展方向，直至现在以旅居为主的田园综合体等新的发展模式和产品方向（如图5-6所示）。从1.0的雏形到2.0的发展，再到3.0的成熟和4.0的突破，是乡村旅游在产品的结构上经历的几个阶段的发展，具体到产品而言，就是从农家乐到体验型农家乐，再到精品民宿和乡村旅居度假的发展脉络。

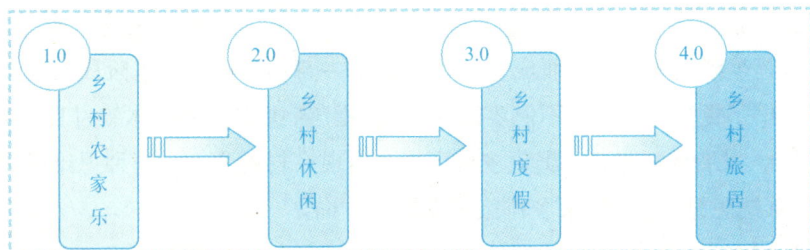

图 5-6　乡村旅游发展演变历程

1.0 阶段：乡村农家乐（雏形期）　起始于 20 世纪 80 年代，在当时旅游扶贫政策的号召下应运而生，主要以农家乐和农业观光为主，"住农家屋、吃农家饭、干农家活、享农家乐趣"为其主要特征。本阶段乡村旅游开发理论尚不成熟，旅游行为也多为自发组织。农户自发独立经营，以基本农产品为经营内容。市场规范性较差，缺少规模效应和品牌效应。

2.0 阶段：乡村休闲（发展期）　随着生活水平提高，单纯的农家乐型乡村旅游已经不能满足市民的休闲需求，客源出行目的的改变让市场这只无形的大手，指引着乡村旅游在农家乐的基础上，发展到了乡村休闲阶段，进入了乡村旅游发展的 2.0 阶段。这一阶段开始包含一些体验的产品，也有一些劳作体验的营销运作手段，这种体验性的农家乐，不仅拉长了产业链，也满足了旅游市场对于休闲功能的软性要求。该阶段乡村旅游开发理论系统逐渐形成，但主要从传统旅游层面关注游客的"吃、住、行、游、购、娱"六大要素展开，忽视了乡村发展及当地居民的诉求。

3.0 阶段：乡村度假（成熟期）　随着"月色经济"的打造，游客停留时间也明显加长，乡村旅游成为小长假、周边游和周末游的热宠。2.0 阶段的体验性农家乐升级成为可以提供精品民宿的 3.0 阶段，发挥乡村特色打造度假村庄，其基本特征是淘汰乡村同质化、服务低水平、档次低端化的旅游产品，将城市休闲方式导入乡村，积极参与乡村生产生活活动，形成一种全新的乡村休闲方式。随着国家相关农业及旅游政策（美丽乡村、新型城镇化等）的不断推进，这一阶段的乡村旅游开发也逐渐从"游客思维"（游客需求第一）向"居民思维"（乡村振兴）转变。

4.0 阶段：乡村旅居（突破期）　该阶段游客与居民不再是相互分离的个体，而成为有机统一体，游客逃离城市融入乡村、住在乡村并建设乡村，游客不再是短暂的停留而是生活在乡村，发展为一个休闲生活的圈子，当地居民不再单纯地为游客提供旅游服务，而是在"出售"自己的生活方式及环境。在这个阶段，乡村旅游不再是生活的调剂品，而成为日常生活的一部分；同时，该阶段对乡村旅游开发也提出了更高的要求，不但要以"游客思维"考虑到游客的体验过程，更要以"居民思维"发展乡村经济、美化乡村环境，实现乡村的复兴，两种思维模式的结合形成"系统思维"才是未来乡村旅游发展的方向。

（3）乡村旅游的典型特点

1）乡土性

乡村旅游的本质为乡土性，乡土性使得乡村旅游更具有特色，这使得乡村旅游在本质上不同于其他方式的旅游。乡村具有优美的田园风光、雅致的绿色景观和较为传统的农业生产等原始景观，乡村旅游不仅可以让游客领略美丽的乡村乡野风光，也可以让游客们体验农事生产劳作。古朴的自然景区、原始的劳作方式、纯真的乡村民俗和土生的农副产品，造就了乡村旅游"古、始、真、土"的乡土性特点，乡土性使得乡村旅游更具吸引力，它能够满足城市旅游者内心领略乡村田野风光、体验农事生产劳作、了解风土民俗和回归自然的心理需求。

2）文化性

乡村旅游不仅为游客展现优美的自然景观、田园风光、农业体验，而且还融入更多的当地民俗文化和习俗，不断对自然景观增加人文内涵，彰显独特的地域文化特色和浓郁的民俗风情。乡村旅游之所以受到大家的喜欢，与其独具特色的民俗文化紧密相关。文化能够净化人们的心灵，是吸引城市居民回归自然的重要影响因素。其中，农耕文化和传统的当地文化构成了丰富的乡村旅游文化。在乡村旅游中，农耕文化是基础，游客通过体验农事生产劳作可以增加对风土民俗的了解，并享受其中的乐趣；传统的当地文化涉及面较广，将当地文化通过不同形式让游客参与其中，可提高文化的鉴赏性。

3）参与性

从乡村旅游的定义中可以得知乡村旅游过程的参与性特点，乡村旅游不单单是传统层面的观光旅游，其重要的特征之一是为游客提供了一种体验式的休闲娱乐方式，包括观光、品尝美食、休闲度假、民俗生活体验、参与劳作活动等。由于乡村旅游的魅力在于其参与性，它能够让游客在参与的过程中，体验当地的传统文化、特色产品和传统的手工艺品的制作过程，感受劳动带给自己快乐的同时，回归原始，感受自然和文化带给心灵的震撼和冲击。因此，参与性已成为吸引越来越多游客体验乡村旅游的关键因素[5]。

◆ **百熙村旅游产业规划**

百熙村位于长沙县春华镇东北部，因"中国大学之父"张百熙故里而命名，临近长沙，交通便利，自然资源丰厚，文化基底深。依托百熙桃李谷景区发展优势，项目文化导入和产品设计主打四大牌："名人"牌、"乡居"牌、"本土"牌、"生态"牌，深掘百熙名人文化底蕴，树立"百熙创北大·桃李满天下"品牌形象，重点发展乡村观光休闲、青少年研学教育、家庭亲子体验等多功能旅游产业，改造升级村内的交通、标识、公厕、建筑、植物等基础配套设施。同时对闲置的老式乡土民居建筑进行改造，紧扣乡村耕读文化的主题背景，提炼"菜把式"的主题元素，将其打造为特色的主题民宿，建设以休闲、观光、教育、体验为主的全国特色景观旅游名村。

注：本专栏案例由中合慧景(长沙)规划设计院有限公司提供

图5-7　百熙村民居现状

图5-8　百熙村民居改造后效果

(4)乡村旅游的发展成效

2016年中国社科院发布的《中国乡村旅游发展指数报告》指出，2016年是中国"大乡村旅游时代"的元年，乡村旅游发展规模大、投资大、影响大，已成为人们新的生活休闲方式。通过大数据推演预测，未来中国乡村旅游热还将持续10年以上，2025年将达到近30亿人次。中国乡村旅游从过去的小旅游进入大旅游时代。这个"大"，主要体现在三个方面。

规模大：2016年乡村旅游达13.6亿人次，平均全国每人一次，是增长最快的领域，乡村旅游收入达4000亿元以上。

投资大：2016 年乡村旅游投资为 3000 亿元，乡村旅游事业体超过 200 万家，乡村旅游不仅仅是简单的乡村餐饮娱乐活动，而是逐渐形成一个包括乡村旅游观光、休闲度假等众多业态的新型大产业。

影响大：表现为中央、地方、企业和消费者广泛关注，成为旅游业、新型城镇化建设及扶贫事业的主题，成为人们新的生活方式。

（5）乡村旅游的模式借鉴

参考国内外对乡村旅游模式的分类，一般认为我国乡村旅游发展主要有七种模式：

1）田园农业旅游模式。即以农村田园景观、农业生产活动为旅游吸引物，开发农乡游、果乡游、花乡游、渔乡游、水乡游等不同特色的主题旅游活动，满足游客体验农业、回归自然的心理需求。

图 5-9　田园农业旅游模式

2）民俗风情旅游模式。即以农村风土人情、民俗文化为旅游吸引物，充分突出农耕文化、乡土文化和民俗文化特色，开发农耕展示、民间技艺、时令民俗、节庆活动、民间歌舞等旅游活动，增加乡村旅游的文化内涵。

3）农家乐旅游模式。指农民利用自家庭院、自己生产的农产品及周围的田园风光、自然景点，以低廉的价格吸引游客前来吃、住、玩、游、娱、购等。

4）特色村落旅游模式。以古村镇宅院建筑和新农村格局为旅游吸引物，开发

图 5 - 10 民俗风情旅游模式

图 5 - 11 农家乐旅游模式

观光体验旅游。

5) 休闲度假旅游模式。依托自然优美的乡野风景、舒适怡人的清新气候、独特的地热温泉、环保生态的绿色空间等，结合周围的田园景观和民俗文化，兴建一些休闲、娱乐设施，为游客提供休憩、度假、娱乐、餐饮、健身等服务。

6) 科普及教育旅游模式。指利用农业观光园、农业科技生态园、农业产品展

图 5-12　村落乡镇旅游模式

图 5-13　休闲度假旅游模式

览馆、农业博览园或博物馆，为游客提供了解农业历史、学习农业技术、增长农业知识的旅游活动。

7）回归自然旅游模式。利用优美的自然景观、奇异的山水、绿色的森林、静谧的湖水发展观山、赏景、登山、森林浴、滑雪、滑水等旅游活动，让游客感悟大自然、亲近大自然、回归大自然[6]。

图 5-14 科普及教育旅游模式

图 5-15 回归自然旅游模式

（6）乡村旅游的案例参考——长沙市望城区光明村

湖南省长沙市望城区白箬铺镇西北部的光明村，总面积 6.98 平方千米，共有 42 个村民小组。村域内"山、水、谷，田、林、村"特色鲜明，八曲河绵延 15 千米，拥有莲花大塘、蜈蚣塘等数十个水库水塘，自然生态环境优美。

1）旅游分区

光明村立足于自身产业发展环境，大力发展生态农业和乡村旅游业。结合乡

图 5-16  湖南省长沙市望城区白箬铺镇光明村

村旅游业逐步扩大花木果蔬的种植面积，提高农产品的价值含量，发挥农业的旅游服务功能，实现社会、经济、环境效益的有机结合。

光明村将村域现有山林、田地经过整理后，划分为以下六大产业区带：在村域南部布置优质水稻种植区；在村域西北部建成高标准的无公害蔬菜培育区；沿光明大道布置体现湖湘特色的农家乐产业带；在金洲大道南北两侧平坝和谷地内布置农业生产和旅游活动有机结合的农业生态旅游区；依托莲花大塘，建成具备度假酒店、会议中心等设施的商务度假旅游区；依托村域南部的白罗山，建成融登山、林中漫步、森林浴、动植物观赏、自行车骑游、露营、探险等于一体的登山健身旅游区。

表 5-1  光明村旅游活动设计

| 项目 | 内容 |
| --- | --- |
| 农事体验 | 农耕活动、采摘活动、喂养活动、农产品加工等 |
| 生态观光 | 自然山水观赏、乡村聚落景观观赏、田园风情欣赏、特色花木观赏等 |
| 休闲健身 | 登山、自行车骑行、森林浴、漫步、体能拓展训练、探险等 |
| 民俗节庆 | 传统节庆活动、湖湘文化表演活动、民间文艺活动等 |
| 教育研修 | 夏令营、春游、秋游、农业技术培训、农业知识学习等 |
| 商务会议 | 商务洽谈、会议、培训等 |
| 饮食住宿 | 乡土特色食品品尝、绿色食品品尝、农家住宿、露营等 |

图 5 - 17　光明村金洲大道农业生态旅游区规划图

## 2）旅游景观建设

光明村在建筑外观造型的打造上，按"湖湘特色、古朴典雅、风格一致"的原则以及"青瓦白墙、朱门木窗"的标准对民居进行改造；在建筑材料的选择上，尽量利用地方性材料；在室内空间的布局上，结合乡村旅游的发展，将农户住宅改造成了集生产、生活、服务于一体的复合功能式农家小院；在庭院绿化方面，改变目前只注重靠近路边的前院绿化状况，将前院、后院和侧院作为一个整体考虑，构建丰富化、开放式的景观系统，营造与环境相融的美好意境，并改变目前随意选择搭配树种的现状，以乡土树种为主，兼顾不同季节的景观要求，常绿、落叶相结合，对院落不同位置植物进行景观配种。

图 5 - 18  光明村宅旁绿化

表 5 - 2  院落不同位置树木、花草的搭配

| 方位 | 适宜树种、花卉 | 功能 |
|---|---|---|
| 前院 | 低矮且观赏性较强的果树或花卉，如桃树、李树、橘子树、月季、兰花、栀子花、菊花、茶花等 | 观赏功能，生产功能 |
| 两侧 | 以竹类为主，如青皮竹、吊丝竹等；还可利用藤蔓类的牵牛花、迎春花、爬山虎以及葡萄、丝瓜、苦瓜、南瓜等蔬菜瓜果进行立体绿化 | 防护、隔离功能，生产功能 |
| 后院 | 以高大乔木树种和果树为主，如杉木、香樟、银杏、桂花、松树、枇杷、枣树、柚子树等 | 防护、隔离功能，生产功能，生态调节功能 |

3）旅游环境建设

首先，对重要的山体（白罗山等）、水体（八曲河、莲花大塘等）及生态廊道（道路防护用地和高压走廊）等区域以生态培养、生态建设为主。村内河流、水库、池塘保持其自然形态，通过清理垃圾以及种植具有净水功能的植物，逐步恢复水质。其次，逐步建立了完善的排水系统，提高排水管网普及率，努力实现雨污分流。再次，在全村范围内设置垃圾桶、垃圾房等环卫设施，对垃圾进行定时定点收集和分类处理，对金属、塑料、废旧电器等可考虑直接回用或变卖。此外，

推广应用太阳能、沼气等环保能源，普及太阳能路灯和太阳能热水器的使用，推进沼气生态工程建设，形成农家内部能流和物流的循环利用[7]。

## 2. 田园综合体建设

（1）田园综合体的概念

田园综合体是一种新型经济组织模式。对于田园综合体的概念，可以从以下几个方面来理解：

田园综合体是指在有一定资源条件的城乡接合部，把第一产业（农、林、牧、渔等）、第二产业（特色手工业、环保产业等）和第三产业（旅游业、房地产业、服务业、文化产业等）中各种分散的资源进行整合，统一开发、综合利用，使各产业之间相互促进，发挥系统优势。

田园综合体是有机的生态综合规划区，即以有机生态农业为引领，形成以农业、旅游与居住三大产业板块联动发展的综合规划区。该规划区包括农业生产交易、乡村旅游休闲度假、田园娱乐体验、田园生态享乐居住等板块。

田园综合体是一个发展平台，即它是城乡文化聚集的平台、产业开发和融资管理的平台，乡村发展可依靠这个平台来实现城乡一体化的目标，发扬地方特色文化、繁荣地方经济、保护生态环境[8]。

### ◆ 田园综合体试点立项条件

根据财政部下发的《关于开展田园综合体建设试点工作的通知》要求，田园综合体试点立项条件为：

1. 功能定位准确

围绕有基础、有优势、有特色、有规模、有潜力的乡村和产业，按照农田田园化、产业融合化、城乡一体化的发展路径，以自然村落、特色片区为开发单元，全域统筹开发，全面完善基础设施。突出农业为基础的产业融合、辐射带动等主体功能，具备循环农业、创意农业、农事体验一体化发展的基础和前景。明确农村集体组织在建设田园综合体中的功能定位，充分发挥其在开发集体资源、发展集体经济、服务集体成员等方面的作用。

2. 基础条件较优

区域范围内农业基础设施较为完备，农村特色优势产业基础较好，区位条件优越，核心区集中连片，发展潜力较大；已自筹资金投入较大且有持续投入能力，建设规划能积极引入先进生产要素和社会资本，发展思路清晰；农民合作组织比较健全，规模经营显著，龙头企业带动力强，与村集体组织、农民及农民合作社建立了比较密切的利益联结机制。

**3. 生态环境友好**

能落实绿色发展理念，保留青山绿水，积极推进山水田林湖整体保护、综合治理，践行看得见山、望得到水、记得住乡愁的生产生活方式。农业清洁生产基础较好，农业环境突出问题得到有效治理。

**4. 政策措施有力**

地方政府积极性高，在用地保障、财政扶持、金融服务、科技创新应用、人才支撑等方面有明确举措，水、电、路、网络等基础设施完备。建设主体清晰，管理方式创新，搭建了政府引导、市场主导的建设格局。积极在田园综合体建设用地保障机制等方面做出探索，为产业发展和田园综合体建设提供条件。

**5. 投融资机制明确**

积极创新财政投入使用方式，探索推广政府和社会资本合作，综合考虑运用先建后补、贴息、以奖代补、担保补贴、风险补偿金等，撬动金融和社会资本投向田园综合体建设。鼓励各类金融机构加大金融支持田园综合体建设力度，积极统筹各渠道支农资金支持田园综合体建设。严控政府债务风险和村级组织债务风险，不新增债务负担。

**6. 带动作用显著**

以农村集体组织、农民合作社为主要载体，组织引导农民参与建设管理，保障原住农民的参与权和受益权，实现田园综合体的共建共享。通过构建股份合作、财政资金股权量化等模式，创新农民利益共享机制，让农民分享产业增值收益。

**7. 运行管理顺畅**

根据当地主导产业规划和新型经营主体发展培育水平，因地制宜探索田园综合体的建设模式和运营管理模式。可采取村集体组织、合作组织、龙头企业等共同参与建设田园综合体，盘活存量资源、调动各方积极性，通过创新机制激发田园综合体建设和运行内生动力。

(2)田园综合体的功能分区

从功能分区的角度来看，田园综合体一般包括如下分区：

1）农业景观区

农业景观区含观赏型农田、立体农作物造型展示、果蔬园、花卉展览区、湿地情景区、水秀娱乐区等，以农村田园景观、现代农业设施、优质特色农产品为基础，开发特色主题观光区域；以田园风光和生态宜居为基础，增强综合体的吸引力和整体价值，让城乡居民身临其境地感受田园风光。

2）休闲聚集区

休闲聚集区使城乡居民能够融入乡村本身特色的生活空间，参加乡村风俗活动，让城乡居民在活动参与中感知农业文化蕴含的魅力。为满足城乡居民各种休闲需求而设置的综合休闲产品体系，包括游览、赏景、登山、玩水等休闲活动和体验项目等。

3）农业产业区

农业产业区主要是从事种植养殖等农业生产活动和农产品的加工制造、保鲜储藏、市场贸易的区域，是为综合体发展和运行提供产业支撑和发展动力的核心区域。主要是让城乡居民认知农业生产全过程，在参与农事活动中充分体验农业生产的同时还可以开展农作物生长过程认知、农作物科技种植、生态农业科普等项目。

4）综合服务网

综合服务网为综合体各项功能和组织运行提供服务和保障，包括服务农业生产领域的金融、技术、物流、电商等，也包括服务居民生活领域的医疗、教育、商业、康养、培训等内容。这些不是盲目叠加，而是功能融合和要素聚集，以各区域衔接互动为主体，使综合体成为城乡一体化发展背景下的新型城镇化生产生活区。

5）居住生活带

居住生活带在农村原有居住区基础之上，在产业、生态、休闲和旅游等要素带动引领下，构建起以农业为基础、以休闲为支撑的综合聚集平台，形成当地农民社区化居住生活、产业工人聚集居住生活、外来休闲旅游居住生活等三类人口相对集中的居住生活区域。

（3）田园综合体的实践案例——株洲市天元区响水村

响水村位于株洲市天元区三门镇西北部，村庄总面积为 295 公顷，村庄建设用地面积为 16.31 公顷，非建设用地总面积为 278.69 公顷。用地现状划分为五分山、一分水、三分田、一分村的格局。

1）生态环境分析

响水村现有耕地面积1264亩，主要种植水稻、油菜等，农田集中成片、地势平坦。山林地面积为2535亩，以种植油茶、杉树等杂木林为主。响水村山塘散布，水资源丰富，总面积约为400亩。另外，响水村地处丘陵地带，房屋形式背山面水，建筑较多，以砖混结构2~3层为主，基本无占用基本农田建房的现象存在。

图5-19　响水村生态资源

图5-20　响水村居民点现状

2）交通分析

响水村拥有良好的交通区位优势。沪昆高速公路南线途经村内南部，渝长厦客专预留通道也为村内对外交流提供了方便。响水村内有两条村级道路，即幸福大道和三潭线,幸福大道和三潭线作为响水村的主要对外交通,道路宽度5～7米且为水泥路面。内部组道连接各个居民聚居点,宽度为2.0～4.5米。

　　3)产业分析

　　响水村产业现状以一三产为主,二产为辅。一产种植以水稻、油茶种植为主,以油菜、莲藕、棉花、黄豆、芝麻、玉米种植为辅,养殖业以猪、鸡和鱼养殖为主;三产则以旅游为主,沿三潭线分布有小卖部、移动联通代办点、集贸市场等商业服务设施。

　　4)建设模式

　　响水村以"美丽乡村"建设为背景,运用"田园综合体"的建设模式开展乡村建设,以"田园生活"为目标,逐步稳定提升种植业的同时,大力发展休闲业,同时积极推动加工业和服务业,积极打造集现代农业、休闲旅游、田园居住为多功能复合的乡村"田园综合体"[9]。

　　①现代农业板块

　　综合考虑现有的地形地貌等自然资源条件和农业优势,响水村现代农业板块共规划为:四园(油茶林种植示范园、特色蔬菜种植体验园、中草药种植示范园、优质稻综合产业园);三区(现代农业展示区、休闲农业观光示范区、苗木培育区);一中心(综合管理服务中心)。响水村以丰富的农业资源吸引旅游资源,建成了空间布局合理、生态环境优美、资源环保节能、产业高效开发的现代农业村。

　　②田园居住板块

　　在响水村田园综合体规划的项目中,土地、生态等自然元素与都市人的生活体验有机地交融在一起,打造现代都市人的桃花源梦。田园居住主要分为乡村度假连锁酒店和村落聚集中心。根据现有居民点形成三处精品田园院落,其余散点分布一些特色民宿。

　　③休闲旅游板块

　　在保持响水村乡土特性的前提之下,最大限度地整合当地文化旅游资源,并与品牌商家建立良好合作关系,商业开发并不会破坏原有安静的田园生活。休闲旅游板块通过引入响水印象、禅修养生、自然田园、健康探索、山水活力五个板块资源发展田园文化旅游。

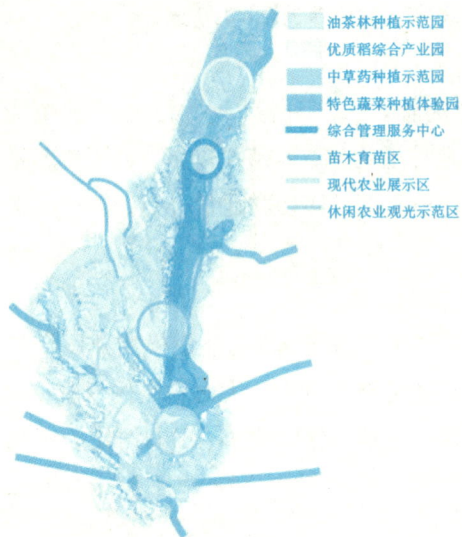

油茶林种植示范园
优质稻综合产业园
中草药种植示范园
特色蔬菜种植体验园
综合管理服务中心
苗木育苗区
现代农业展示区
休闲农业观光示范区

图 5 - 21    响水村现代农业板块

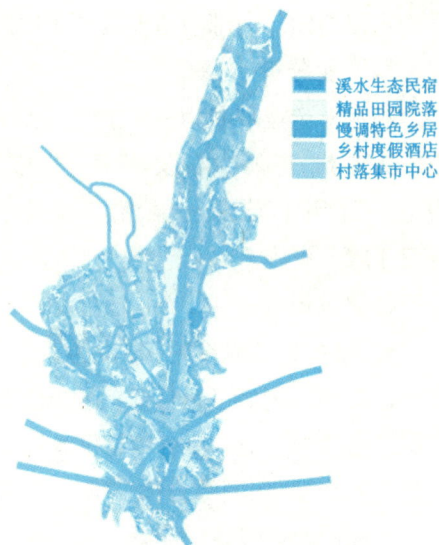

溪水生态民宿
精品田园院落
慢调特色乡居
乡村度假酒店
村落集市中心

图 5 - 22    响水村田园居住板块

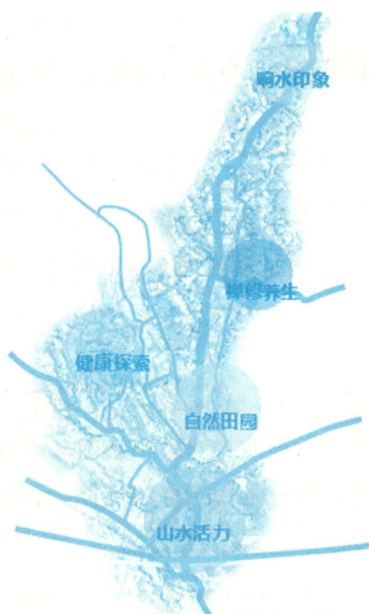

响水印象

禅修养生

健康探密

自然田园

山水活力

图 5 - 23    响水村休闲旅游板块

## 参考文献

［1］张维义.论新经济时代传统产业的挑战和发展[J].中国新技术新产品，2009(9)：188.

［2］VANHAVERBEKE W，DUYSTERS G. A longitudinal analysis of the choice between technology-based strategicalliances and acquisitions in high-tech industries：the case of the ASIC industry ［A］//Innovation in technology management – the key to global leadership. PICMET'97：Portland International Conference on Management and Technology，1997(9)：36 – 41.

［3］谭明交，向从武，王凤羽.中国农业产业在乡村振兴中的转型升级路径[J].区域经济评论，2018(04)：121 – 128.

［4］王乐.山东省乡村旅游发展模式研究[D].青岛：中国海洋大学，2014.

［5］李源.乡村旅游发展规划理论与实践初步研究[D].重庆：重庆师范大学，2014.

［6］郭焕成，韩非.中国乡村旅游发展综述[J].地理科学进展，2010，29(12)：1597 – 1605.

［7］石娟.基于乡村旅游的新农村建设研究——以湖南省望城区光明村为例[J].经济视角（上），2012(04)：115 – 142.

［8］杨柳.田园综合体理论探索及发展实践[J].中外建筑，2017(06)：128 – 131.

［9］郭妮莎.株洲市天元区响水村"田园综合体"规划设计[D].株洲：湖南工业大学，2016.

# 第六章 ┃ 青山绿水　美丽乡村之生态环境

## 一、风格独具的乡村景观

想到乡村，脑海里闪过的必然是绿水青山。那么，什么是乡村生态环境？什么又是乡村景观？

> 茅檐长扫净无苔，
> 花木成畦手自栽。
> 一水护田将绿绕，
> 两山排闼送青来。

这是宋代大诗词家王安石笔下的村居景象，同时也是人们对于传统乡村景观记忆的模样。

乡村景观是乡村地区范围内，经济、人文、社会、自然等多种现象的综合表现。一般认为，乡村景观的研究起源于文化景观。美国地理学家索尔认为文化景观是"附加在自然景观上的人类活动形态"。文化景观随原始农业而出现，人类社会农业最早发展的地区即成为文化源地，也称农业文化景观。此后，西欧地理学家把乡村文化景观扩展到乡村景观，包括文化、经济、社会、人口、自然等诸因素在乡村地区的反映[1]。

近年来，随着乡村建设逐渐从传统的新农村建设模式，转变为通过环境提升、文化提炼和产业升级等多方驱动实现可持续发展的新模式，美丽乡村的理念逐渐深入人心。在美丽中国的大格局下，为村庄量身打造美丽乡村规划和设计方案，建设环境美、生活美、布局美、产业美、风尚美的五美村居新格局，需要科学合理的规划设计。乡村规划必须要和当地的环境和文化进行紧密的结合，通过科学、合理的设计来共同建设美丽、舒适的乡村风貌。

不同的乡村具有不同的特色，很多乡村有其独特而浓厚的乡情韵味，要建设好美丽乡村，乡村园林景观设计在其中显得非常（尤为）重要[2]。在进行美丽乡村园林景观设计的时候，必须尊重当地的地域特色文化，以当地原本的生态特色文化来做基础，进行强化和优化设计，形成特有的本地乡土文化景点。乡村的建筑代表这个区域的原始风貌，进而体现出该区域乡村的历史价值。在美丽乡村规划中，需要广泛深入地探寻其中自然资源及人文资源的可利用要素，要做到一村一品，各尽其美。美丽乡村景观设计是以原有的乡土景观为基础构建的，通过保护、挖掘和修复等手法，打造乡村特色鲜明的生态景观、乡土人文、创意艺术，实现产业发展，农民增收，保留村庄文化，推进生态和文化的共同发展。

## 1. 美丽的乡村景观

提到乡村景观，你的脑海里会想到哪些村庄的景观呢？或者，你的旅游经历中有没有涉及乡村的自然景观或人文景观呢？这些乡村景观一般包括有村落、农田、道路、河流水系等。

由于我国幅员辽阔，各具特色的村落众多，这使得我国的村落有着它独特的景观，包括我们日常看到的，如：

农田：耕地、菜地、畦埂、篱笆等；

道路：农用道路、田间小道等；

河流水系：自然河流、水渠、池塘等；

林地：近郊山林、杂木林等；

其他：祠堂、石佛、石碑、石墙等。

### ◆ 美丽乡村　婺源梦里老家

婺源境内林木葱郁、峰峦叠嶂、峡谷深秀、溪流潺潺，奇峰、怪石、驿道、古树、茶亭、廊桥及多个生态保护小区构成了婺源美丽的自然景观和人文景观。这里民风淳朴，文风鼎盛，名胜古迹遍布全县。有保存好的明清古建筑，有田园牧歌式的氛围和景色，自古有"书乡"的美称。其中篁岭是婺源旅游的浓缩，集古村落、古树群、梯田花海、民俗晒秋为一体的最美乡村景致。篁岭旅游不受季节影响，春观油菜花海、夏戏峡谷溯溪、秋赏古村晒秋、冬品民俗度假。婺源李坑的建筑风格独特，著名的徽派建筑，给人一种安静、祥和的气氛。村落群山环抱，山清水秀，风光旖旎。村中明清古建遍布、民居宅院沿溪而建，依山而立，粉墙黛瓦、参差错落；村内街巷溪水贯通、九曲十弯；青石板道纵横交错，数十座石、木、砖溪桥沟通两岸，更有两涧清流、柳碣飞琼、双桥叠锁、焦泉浸月、道院钟鸣、仙桥毓秀等景点点缀其中，构筑了一幅小桥、流水、人家的美丽画卷。

### ◆ 世界遗产  红河哈尼文化景观

红河哈尼梯田文化景观位于云南省红河哈尼族彝族自治州元阳县的哀牢山。云南多山，亦多梯田。哈尼梯田至今有1300多年历史，规模宏大，分布于云南南部红河州元阳、红河、金平、绿春四县，总面积约100万亩，其中元阳县哀牢山是哈尼梯田的核心区，当地的梯田修筑在山坡上，梯田如等高线般从海拔2000米的山巅一路蜿蜒至山脚下，级数最多处有3700多级，最陡的山坡达到45°，景观壮丽。哀牢山哈尼梯田为云南梯田的代表作，被誉为"中国最美的山岭雕刻"。

红河哈尼梯田文化景观，是以当地哈尼族为主的各族人民利用"一山分四季，十里不同天""山有多高，水有多高"的特殊地理气候开垦共创的梯田农耕文明奇观。哈尼梯田呈现森林—村寨—梯田—水系"四素同构"的农业生态系统，农耕生产技术和传统文化活动均围绕梯田展开。哈尼族大多居住在海拔800米至2500米的山区，主要从事农业，梯田稻作文化尤为发达。面对高山峡谷的艰苦生存空间，千百年来，哈尼人民不断创造，总结出一套山区垦种梯田的丰富经验。他们依据不同的山势、土质修堤筑埂，利用"山有多高，水有多高"的自然条件，把终年不断的山泉溪流，通过小水渠引入梯田。每到初春，形状各异的大小梯田灌满了泉水，在明媚的阳光下，山风轻拂，波光粼粼；三四月间，层层梯田青翠欲滴，状如一块块翠绿地毯；夏末秋初，稻谷成熟，又是一片金黄。其情景就像一幅幅如梦如幻、美丽无比的中国水墨画，堪称世界奇观。

红河哈尼梯田也被当代人誉为"伟大的大地雕刻"，因天气和水中植物不同更是会呈现出不同的色彩：晴天时梯田呈蓝色；阴天时呈灰色；早晚呈金黄色。因植物不同会分别呈绿色、红色、黄色等。哈尼梯田是多彩的大地艺术，而实现了这一人类创造力、耐受力、意志力和人与自然和谐理念的哈尼族人，则被誉为"大地雕刻师"[3]。

## 2. 滞后的景观规划

相较于我国五千多年的悠久历史以及广阔土地，在我国，从南到北特色鲜明、具代表性的乡村景观如哈尼梯田文化景观、江西婺源乡村景观外，鲜有其他。由此可见，中国的乡村景观依然具有较大的发展潜力可以挖掘。

由于长期以来对乡村景观建设的忽略，农村景观规划工作较为滞后[4]，也存在一些问题：首先，规划水平低，致使合理性差，加上道路的不完善，使得总体景观效果呈现"支离破碎"的凌乱感。其次，随着新农村建设的开展，原来一些很好的乡村景观包括如小桥、老树、古井、石磨等传统古朴的乡村生活景观被破坏掉。再次，伴随着社会文明的发展，传统的民风民俗也不再受到人们的重视，生活的时尚化变成了人们盲目追崇的对象，传统的地域民风也离我们愈来愈远。总体来说，我国乡村景观缺乏科学总体建设规划，使得乡村景观空间布局不合理，缺乏必要的景观连接度和联通性，破碎化严重，景观生态问题严重。而从现实来看，一些地方在乡村建设过程中，也出现了"形象工程"、"政绩工程"、"千村一面"的情况。例如，个别乡村在整治建设过程中喜好建大亭子、大牌坊、大公园、大广场等"面子工程"，偏离村庄整治重点；一些地方照搬城市模式，脱离乡村实际。

## 3. 令人憧憬的乡村景观

那么怎样的乡村景观才是我们所需要，所憧憬的呢？

孩子们可以在田野里撒野、扑蝴蝶、编花冠；年轻人可以远离城市喧嚣，活动僵硬的身躯，体验低碳健康的休闲活动；老年人可以寻觅一处宁静温馨之地，回忆过往岁月、感受时光流淌⋯⋯弯弯曲曲的小路，连着一间间朴素的瓦房，打开门是一片绿油油的田野，几条小溪在田野中穿流而过，屋后是一片竹林，茂密而幽深，远处是绵延起伏的小山。凉风春意，炊烟袅袅，皆被晨雾拥抱；闭上眼睛，一切如雅致的水墨画一般浮现在眼前。

远离城市的喧嚣，体验自然的静谧，是每一个人对于乡村景观的向往。

首先，乡村景观建筑体量相对较小，建筑形式要以当地的特色为主，且建筑材料多以当地的石材、木材为主，房屋往往排列稀疏；其次，乡村的建筑大多会设置房前屋后的庭院，这也就在根本上有别于城市建筑。同时，这也是乡村建筑密度低的主要原因。乡村景观是一个由自然生态环境、农耕文明形态、人文生态环境共同作用下的生态共同体，它包括农田里的庄稼、果园里的林木、溪流边的杂草等，它就是一个地方地域特色的标签。

#### ◆ 乡村景观空间的功能布局

乡村空间通常分为四类，一是生产区域，通常情况来说，生产区域是美丽乡村中面积最大的区域，是经济发展的保障。二是居住区域，美丽乡村村民居住点一般以院落形式为主，除了对村屋的外立面的改造以外，户前和屋后的改造也是提升景观效果的一个重大方面。三是集会区域，通常为村民活动广场、大戏台等，供人们休憩、集会、交流。四是交通区域，在保证行车行人的安全情况下，重点打造道路两旁的景观氛围，以营造植物意境为主[5-6]。

在乡村生活中，老井、古树、老戏台、庭院、晒场等，这些意象下形成的空间，正是乡村空间重要的组成部分。村中的老井，满足了人们的日常生活需求，是生产生活的空间，是村民们交流的公共空间，是令人敬畏的信仰空间，同时也是秩序规范的道德空间。古树是村庄的根，古树是村庄的魂。在那岁月铭刻的年轮下，是人们推崇的信仰的力量，是交流公共空间，亦是贸易往来的商业空间。老戏台，是乡村节日狂欢空间，是文化教化空间，是社会争斗空间，亦是流动的商业空间。庭院，小空间，大智慧。那不足一人高的矮墙，将生活空间和公共空间进行了完美的划分。故乡的晒场，是秋收时刻的生产生活空间，是孩子们游戏以及夜幕下放电影时的公共空间。

凡是景观，应该具有互动性，才算是好的景观[7]。因此，乡村景观还要强调因地制宜，才能更加凸显特色。乡村景观是由自然和人类经营所组成的嵌块体。根据植物对土壤、气候、水、温度、光照等需求的不同，合理安排植物之间的种植方式，以取得更好的景观效果。在乡村景观建设中，当地农作物种植可以作为"活态"景观，根据季节的不同种植不同的作物，既经济美观，也更符合"因地制宜"的原则。

保持好地方特色和地域特征也是重中之重。一些知名的乡村景观如哈尼梯田、江西婺源乡村景观都是由其得天独厚的地域与气候而发展起来，加上有很好的地方特色保护，让这些乡村景观如此动人。现在很多农村正是缺乏特色，或者是原有的资源被破坏掉，而造成了"千村一面"，使得乡村景观千篇一律。

乡村建设还要聚焦生活基础设施建设。当前，很多美丽乡村在建设进程中往往忽视了农村生活污水和垃圾治理、裸房整治等应该重点整治的方面。

## 二、真抓实干的环境治理

"天蓝、地绿、水净,安居、乐业、增收"是美丽乡村建设的重要目标。美丽乡村的环境建设包括农业污染防治、工业污染防治,生活垃圾处理、生活污水处理等生活污染防治,以及村容村貌整治等内容[8]。美丽乡村环境治理应坚持政府引导、村民参与、以人为本、因地制宜;坚持规划先行,规划与建设同步考虑,统筹兼顾乡村生产、生活、生态和谐发展,着力打造宜居的生态环境。

### 1. 严峻的环境形势

近年来,随着我国农村经济的快速发展和城镇发展规模的不断扩大,农村环境污染问题日益突出,农村的生态环境破坏日趋严重,农村的环境形势十分严峻[9]。

农村美不美,环境好不好,直接关系到农民的生活质量。党的十八大以来,党中央高度重视农村人居环境整治。各地加大投入,推进农村生活垃圾治理,提升村容村貌,倡导慎砍树、禁挖山、不填湖,保护乡情美景,农村人居环境建设取得显著成效。但也要看到,我国农村人居环境状况很不平衡,脏乱差问题在一些地区还比较突出,与农民群众的期盼有较大差距,仍然是经济社会发展的突出短板[10]。

#### ◆ 凋落的后花园

湖北富水、浠水、蛮河,都出现水体呈棕色、酱油色,水面翻泡现象,不能饮用。改革开放以来,乡镇企业得到了蓬勃的发展。但由于乡镇企业具有布局分散、规模小、经营粗放等特征,许多乡镇企业任意排放非达标废水,严重污染周边地区的水环境。此外由于城市对环境污染的严厉制裁,许多污染严重的企业转移到了郊区小城镇,从而使农村的污染程度远远高于大城市。目前,全国乡镇企业污水排放量占全国废水排放总量的21%。随着点源污染的控制,农村面源的污染已成为河流、湖泊和水库水体富营养化的主要影响因素。农业面源污染主要来自化肥和农药残留物,以及水土流失过程中的土壤养分和有机质。同时,虽然农村人口分散,但由于人口数量多,没有生活污水的收集和处理措施,农村生活污染源成为影响水环境的重要因素，且随着农村生活方式的改变而加剧。同时，生活垃圾大量产生，且大部分都露天堆放，不仅占了大片的可耕地，还可能传播病菌、细菌，其渗透也污染地表水和地下水，导致生态环境的恶化。

在对四川绵阳市白禅乡一碗水村的调查中发现，水环境污染已成为农民心头之痛。

"一年365天，村里两千多人都生活在这挥之不去的臭气中，真不知还能忍受多久。"80多岁的老人指着门前散发出阵阵臭气的河沟无奈地向笔者表示。据悉，该村这条河原为村民饮水灌溉的水源。直到20世纪70年代，这条河沟一直是河水清澈，春夏两季更成了孩子们戏水的"天堂"。然而，20世纪80年代以来，村里建起蚕丝场，但没有专门的排污管道，这条河的下游因此成了排污渠道，几乎所有的生活及工业污水都向这里排放，渐渐影响到上游。原本清澈的河水逐渐变得又黄又臭。十多年来，村民苦不堪言，但因为蚕丝场带来的经济利益以及有关部门的疏忽，问题始终得不到解决。

其实，这个村的遭遇只是当前农村水环境遭受破坏的一个缩影。在河北、甘肃、内蒙古等地农村，这样的例子不胜枚举。河北省遵化市西庄村地处燕山脚下，漓河岸边，土地肥沃，处在华北平原的东北角，是个气候宜人、旱涝保收的颐养之地。原本村里有过四个面积约为一亩地的养鱼塘，水量丰沛，水质良好。加上村南的漓河缎带一样环着村子缓缓流过，村北的地下水涌出的内河终年水量充沛，使得村里的空气湿润，饮用水甘甜。但是，村里的乡办骨粉场、石料场运营之后，排放出的污水蔓延到村里大大小小的河道，过度抽取地下水使得四个坑的水面持续下降。村里局部气候温差变大，干燥时日明显延长。时至今日，所有的坑水已经干涸殆尽，鱼虾绝迹，只有黑色河道中散发的持续不断的腥臭提醒人们：这儿曾经有水流过[11]。

农村，曾被设计或想象成理想的城市后花园。但是为什么会造成这样的情况呢？

首先，在农村加快经济发展和城市工业化向农村转移的过程中，一些地方一味求发展，缺乏长远的科学规划，企业布局分散，生产和排污混乱无序，不利于环境污染的规模化整治。其次，农民的环保意识仍有待进一步提升，尚未真正认识到环境污染深层次的危害性和资源的保护与可持续发展的重要性，加之长期传统的生活习惯短期难以更改，也缺乏遏制环境污染的主观能动性。还有一些基层的干部存在着重经济、轻环保的观念，环保意识淡薄。而且长期以来，污染治理资金几乎全部投入到工业和城市，而环境污染在向农村扩散，农村从财政渠道得到的污染治理和环境管理能力建设资金有限。

## 2. 科学有序的环境治理

2019 年，中央一号文件明确指出："到 2020 年实现农村人居环境阶段性明显改善，村庄环境基本干净整洁有序，村民环境与健康意识普遍增强。"生态环境事关乡村振兴的宏图大略，也事关百姓生活的福祉。

加强乡村环境治理，实现绿色发展，要筑牢思想阵地上的"软"环境。长期以来，粗放发展模式使得乡村经济对自然资源产生巨大的依赖性，水污染、耕地面积濒临"红线"等具体问题亟待解决。转变乡村经济发展方式、处理好人与自然的关系、推进生态文明建设势在必行。习近平总书记指出，实现绿水青山和金山银山的协调发展，关键在人，关键在思路。转变发展思路实质就是转变人对发展与环境相互关系的认知，以绿色发展的理念改变牺牲环境换取经济利益的思维方式。一方面，乡村环境治理思路要立足群众宜居。人民群众是历史的创造者，群众立场始终是根本立场。群众是整治乡村人居环境、建设美丽乡村的主体。只有以群众的幸福生活为追求推进乡村环境保护与治理，才能在环保工作中获得最广泛的群众基础，从而事半功倍。另一方面，乡村环境治理要领导广大群众牢固树立环保理念。群众对乡村生态有最深刻和具体的了解，对于乡村生态环境治理情况了然于胸，对乡村环境保护有不可取代的优势。因此，建设美丽乡村环境，要切实增强群众的主人翁意识。动员群众参与乡村环境治理，推动乡村群众牢固树立"绿水青山就是金山银山"的绿色生态理念，对于治理农业生产面源污染、垃圾污染等主要污染源有直接效力。

加强乡村环境治理，实现绿色发展，要落实规制清晰的"硬"约束。乡村环境保护与治理，涉及生产、生活、思维方式和价值观念的改革，具有范围广、程度深的特点，必须依靠制度和法治。首先，要完善农村环保相关制度。在宪法和环境保护相关法律的基础上，进一步完善乡村群众对环境保护治理的知情权、参与权等相关权利，完善乡村环境补偿机制、损害赔偿制度的实际评判标准和具体操作细节，完善乡村环境纠纷的诉讼救济制度等等。切实保障乡村环境保护与治理从参与主体到落实执行每个环节都有法可依，使得损害环境的行为在法律概念中无所遁形，没有擦边球可打。其次，确保贯彻乡村环境保护与治理的法治。制度的制定最终要落实到执行，否则制度就是没有牙齿的老虎。因此，乡村环境保护与治理必须确保相关制度的贯彻执行。相关行政机关应明确各级领导干部责任追究制度，对造成生态环境损害负有责任的领导干部，终身追究、严格依法依规处理。对环保问题必须保持高压态势，坚持铁腕治污，在乡村形成从不敢到不能破坏生态环境的整体氛围[12]。

### ◆ 塌陷地变良田水塘　生态美描绘乡村画卷

浅塘鱼游，瓜果飘香，接连成片的人工湖上碧波荡漾。山东省济宁市任城区的喻兴生态园技术人员看着眼前如画的景色，满心欢喜。淡水鱼工厂化养殖基地、有机水稻种植基地、有机果蔬种植基地、多功能休闲观光园，生态园规模化发展吸引了当地大学生返乡就业，"回到家乡，我感受到了生态园在现代农业和生态农业项目上的飞速发展。"

说起这片生态园区，可以用"一城青色半城湖"来形容眼前的景色。然而，曾几何时，这里是一片煤矿塌陷地，很难相信，"一城煤炭半城土"曾是这里的真实写照。

如今，这里土地复垦，水塘养鱼，开启了"上农下渔"的良性生态循环模式。高科技温室大棚等现代化农业设施的落成加速了当地农业产业化的进程，以改变生态环境带动新型农业发展而形成现代农业产业园区在喻屯街道乡村振兴的进程中写下了浓重的一笔。距离此处不远的任城区大流店村，白墙红瓦，水路纵横，人在景中如身在画里。

### ◆ 生态宜居普福祉　筑巢引凤富古城

河流环村，绿柳垂绦，在荣子故里，郕国故都，世外桃源般的景色和古国遗址文化吸引了各地游人，看着络绎不绝的外来人，村民满心欢喜。古城村位于济宁市汶上县郭楼镇，也曾是污水横流、垃圾围村，晴天出门一身土，雨天出门一身泥。为改变古城村面貌，当地政府先从改造乡村旧貌入手，改造河道，坑塘治理，让村里的水更清，天更蓝，环境更整洁。

古城村两委为传承保护郕国历史文化资源，抓住机遇，修路搭桥，危房改造，修复了护城河，打造了观景台，结合儒家文化的内涵打造了三乐岛、景观桥、仿古街等景观，古色古香的小桥流水人家跃然眼前。当地村民告诉记者，家乡这么美，出门都是景，生活在这样的农村，谁还愿意去城里？

从"村容整洁"到"生态宜居",农村生态环境建设上了一个台阶,生态环境的改善不仅要满足农民对美好生活的追求,更应该带来多重效益。

筑巢引凤来,古城村的历史文化遗产和生态提升后的发展前景吸引了南方企业纷纷抛出橄榄枝,村党支部经过筛选,与上海一家公司达成合作意向,重点发展休闲农业和乡村旅游产业,着力打造田园综合体。

良好的生态环境,是乡村振兴最大的优势和底气,以生态文明观改造传统农业,引领乡村振兴的进程让美丽的乡村更有"里子"。如今,浓浓绿意为济宁乡村实施振兴战略勾画上了生态底色,一幅可望可及的现代农村绿色画卷已然展开。

## 三、绿色和谐的人居环境

改善农村人居环境是实施乡村振兴战略和建设美丽中国的重要组成部分。党的十九大明确要求开展农村人居环境整治行动。2018 年 2 月,中共中央办公厅、国务院办公厅印发了《农村人居环境整治三年行动方案》。习近平总书记也强调,要推动乡村生态振兴,坚持绿色发展,加强农村突出环境问题综合治理,扎实实施农村人居环境整治三年行动计划,推进农村"厕所革命",完善农村生活设施,打造农民安居乐业的美丽家园。

建设美丽宜居乡村,是实施乡村振兴战略的一项重要任务,事关全面建成小康社会,事关广大农民根本福祉,事关农村社会文明和谐。近年来,全国各地区各部门认真贯彻党中央、国务院决策部署,把改善农村人居环境作为社会主义新农村建设的重要内容,大力推进农村基础设施建设和城乡基本公共服务均等化,农村人居环境建设取得显著成效。依据《农村人居环境整治三年行动方案》,新时期,乡村绿色和谐的人居环境整治应严格遵守以下原则:

(1)因地制宜、分类指导。根据地理、民俗、经济水平和农民期盼,科学确定本地区整治目标任务,既尽力而为又量力而行,集中力量解决突出问题,做到干净整洁有序。有条件的地区可进一步提升人居环境质量,条件不具备的地区可按照实施乡村振兴战略的总体部署持续推进,不搞一刀切。确定实施易地搬迁的村庄、拟调整的空心村等可不列入整治范围。

(2)示范先行、有序推进。学习借鉴浙江等先行地区经验,坚持先易后难、先点后面,通过试点示范不断探索、不断积累经验,带动整体提升。加强规划引导，合理安排整治任务和建设时序，采用适合本地实际的工作路径和技术模式，防止一哄而上和生搬硬套，杜绝形象工程、政绩工程。

（3）注重保护、留住乡愁。统筹兼顾农村田园风貌保护和环境整治，注重乡土味道，强化地域文化元素符号，综合提升田水路林村风貌，慎砍树、禁挖山、不填湖、少拆房，保护乡情美景，促进人与自然和谐共生、村庄形态与自然环境相得益彰。

（4）村民主体、激发动力。尊重村民意愿，根据村民需求合理确定整治优先顺序和标准。建立政府、村集体、村民等各方共谋、共建、共管、共评、共享机制，动员村民投身美丽家园建设，保障村民决策权、参与权、监督权。发挥村规民约作用，强化村民环境卫生意识，提升村民参与人居环境整治的自觉性、积极性、主动性。

（5）建管并重、长效运行。坚持先建机制、后建工程，合理确定投融资模式和运行管护方式，推进投融资体制机制和建设管护机制创新，探索规模化、专业化、社会化运营机制，确保各类设施建成并长期稳定运行。

（6）落实责任、形成合力。强化地方党委和政府责任，明确省负总责、县抓落实，切实加强统筹协调，加大地方投入力度，强化监督考核激励，建立上下联动、部门协作、高效有力的工作推进机制。

乡村人居环境改善是一项刻不容缓的任务，需要迅速行动起来，让农村环境整治的成果看得见、摸得着。受历史条件和现实环境的制约，公共财政对农村投入长期不足，农村人居环境的欠账较多，加之增强群众环保意识、改变落后生活习惯也需要一个过程。因此，农村人居环境改善也将是个长期过程，必须坚持以人民为中心，既尽力而为又量力而行，从群众反映最强烈、需求最迫切的突出问题入手，不搞脱离农村实际、违背农民意愿的政绩工程、形象工程。

乡村人居环境整治的重点应着力于推进农村生活垃圾治理、开展厕所粪污治理、梯次推进农村生活污水治理、提升村容村貌、加强村庄规划管理和完善建设和管护机制。涉及的主要工作任务如下：

（1）推进农村生活垃圾治理。统筹考虑生活垃圾和农业生产废弃物利用、处理，建立健全符合农村实际、方式多样的生活垃圾收运处置体系。有条件的地区要推行适合农村特点的垃圾就地分类和资源化利用方式。开展非正规垃圾堆放点排查整治，重点整治垃圾山、垃圾围村、垃圾围坝、工业污染"上山下乡"。

（2）开展厕所粪污治理。合理选择改厕模式，推进厕所革命。东部地区、中西部城市近郊区以及其他环境容量较小地区乡村，加快推进户用卫生厕所建设和改造，同步实施厕所粪污治理。其他地区要按照群众接受、经济适用、维护方便、不污染公共水体的要求，普及不同水平的卫生厕所。引导农村新建住房配套建设无害化卫生厕所，人口规模较大的村庄配套建设公共厕所。加强改厕与农村生活污水治理的有效衔接。鼓励各地结合实际，将厕所粪污、畜禽养殖废弃物一并处理并资源化利用。

（3）梯次推进农村生活污水治理。根据农村不同区位条件、村庄人口聚集程度、污水产生规模，因地制宜采用污染治理与资源利用相结合、工程措施与生态措施相结合、集中与分散相结合的建设模式和处理工艺。推动城镇污水管网向周边村庄延伸覆盖。积极推广低成本、低能耗、易维护、高效率的污水处理技术，鼓励采用生态处理工艺。加强生活污水源头减量和尾水回收利用。以房前屋后河塘沟渠为重点实施清淤疏浚，采取综合措施恢复水生态，逐步消除农村黑臭水体。将农村水环境治理纳入河长制、湖长制管理。

（4）提升村容村貌。加快推进通村组道路、入户道路建设，基本解决村内道路泥泞、村民出行不便等问题。充分利用本地资源，因地制宜选择路面材料。整治乡村公共空间和庭院环境，消除私搭乱建、乱堆乱放。大力提升农村建筑风貌，突出乡土特色和地域民族特点。加大传统村落民居和历史文化名村名镇保护力度，弘扬传统农耕文化，提升田园风光品质。推进村庄绿化，充分利用闲置土地组织开展植树造林、湿地恢复等活动，建设绿色生态村庄。完善村庄公共照明设施。深入开展城乡环境卫生整洁行动，推进卫生乡镇、卫生乡村等卫生创建工作。

（5）加强村庄规划管理。分阶段全面完成县域乡村建设规划编制或修编，与县乡土地利用总体规划、土地整治规划、村土地利用规划、农村社区建设规划等充分衔接，鼓励推行多规合一。推进实用性村庄规划编制实施，做到农房建设有规划管理、行政村有村庄整治安排、生产生活空间合理分离，优化村庄功能布局，实现村庄规划管理基本覆盖。推行政府组织领导、村委会发挥主体作用、技术单位指导的村庄规划编制机制。村庄规划的主要内容应纳入村规民约。加强乡村建设规划许可管理，建立健全违法用地和建设查处机制。

（6）完善建设和管护机制。明确地方党委和政府以及有关部门、运行管理单位责任，基本建立有制度、有标准、有队伍、有经费、有督查的村庄人居环境管护长效机制。鼓励专业化、市场化建设和运行管护，有条件的地区推行城乡垃圾污水处理统一规划、统一建设、统一运行、统一管理。推行环境治理依效付费制度，健全服务绩效评价考核机制。鼓励有条件的地区探索建立垃圾污水处理农户付费制度，完善财政补贴和农户付费合理分担机制。支持村级组织和农村"工匠"带头人等承接村内环境整治、村内道路、植树造林等小型涉农工程项目。组织开展专业化培训，把当地村民培养成为村内公益性基础设施运行维护的重要力量。简化农村人居环境整治建设项目审批和招投标程序，降低建设成本，确保工程质量。

### ◆ 枫林镇人居环境改善行动

为实现农村人居环境明显改善，村庄环境基本干净整洁有序，村民共建共享意识普遍加强，湖南省醴陵市枫林镇以垃圾整治、厕所革命、污水处理和村容村貌改善为抓手，多措并举、对症下药，在做好规定要求的同时，充分利用各村的资源禀赋，因地制宜打造各村亮点，实行差异化发展。

枫林镇以建设生态宜居美丽乡村为导向，以推进农村人居环境整治为主导，创新社会管理办法，采用市场化管理和网格化管理，创建"镇—村—网格—保洁公司"四级网格构架。探索"政府＋"市场化运作模式，成立保洁公司，引进社会民间资本，将"改厕""集镇道路改造""污水处理厂建设""垃圾中转站"等项目面向社会招标，吸纳社会资金超百万元，动员各方力量共建共享美丽乡村。以隆兴坳村、枫林市村、金桥村为主要阵地，试点推广垃圾分类和开展无害化卫生厕所改造，打造示范村，以点带面全覆盖，经验推广辐射全镇。

图6-1　枫林镇村容村貌得到改善

农村人居环境整治是关系农民生产生活的普遍性问题，无论是经济发达地区还是欠发达地区都要搞，但标准应因地制宜，各地可根据地理、经济水平和农民期盼，科学确定本地区目标任务。比如，西部的欠发达地区可以先着力于农村生活垃圾和村容村貌提升等重点领域，再梯次推动乡村山水林田路房整体改造；东部有条件的地区可进一步提升人居环境质量，已确定易地搬迁的村庄、拟调整的空心村等可不列入整治范围。

"环境就是民生，青山就是美丽，蓝天也是幸福"，要充分发挥农民的主体作用，尽可能地发动农民、依靠农民，提升农民参与环境整治的自觉性和主动性，让广大农民在乡村生态振兴中有更多获得感。只有一步一个脚印，持续改善农民生活条件，不断提升农民生活质量，才能让成千上万的新时代美丽乡村在神州大地不断涌现。

## 参考文献

[1] 哈颜萍，姜体宏.城市园林规划中乡村景观的延续设计手法研究[J].科技视界，2012(4)：128－129.

[2] 陈青红，王国良，徐文辉，等.同质化背景下浙江省"美丽乡村"景观设计[J].中国城市林业，2013，11(2)：49－51.

[3] 高凯.红河哈尼梯田文化景观的形与神[J].昆明理工大学学报(社会科学版)，2013，13(6)：91－97.

[4] 何小燕.浅论中国乡村园林景观[J].价值工程，2013，32(22)：64－65.

[5] 王小雨，李婷婷，王崑.基于乡村景观意象的休闲农庄景观规划设计研究[J].中国农学通报，2012，28(7)：297－301.

[6] 张静，曹加杰.边界－商业空间体验的美学思考[J].建筑与文化，2011(7)：100－102.

[7] 蔡蓉蓉，潘鸿雷.中国乡村旅游品牌解析[J].安徽农业科学，2011，39(32)：19915－19916.

[8] 邵剑杰，黄淑娟，李先富."美丽乡村"建设背景下乡村景观规划设计方法研究[J].住宅产业，2013(12)：41－44.

[9] 冯伟燕，柳玮.当前农村生态环境保护存在的问题及对策[J].现代农业，2012(5)：159－160.

[10] 杨结宝.环境整治莫忘农村[J].江淮，2012(9)：52.

[11] 郝倩.我国农村生态环境现状及其恶化成因分析[J].农业考古，2011(6)：288－290.

[12] 李艳珍.乡村环境治理要"软""硬"兼施[N].湖南日报，2019－03－02(4).

# 第七章 │ 城乡统筹　美丽乡村之公共服务

　　何为乡村公共服务？如何发展乡村公共服务？乡村公共服务有哪些建设标准？城乡统筹目标导向下的乡村公共服务发展现状是什么？以上这些都是我们密切关注的问题。

## 一、日臻完善的公共服务

　　公共服务就是满足人们生活所需要的基本条件，是为城乡居民提供就业、医疗、养老、活动、教育、文化、交通等基本生活需求，为人们健康提供保证的服务设施，是实现人的全面发展需要的基本社会条件。

　　乡村公共服务设施类型可依据其相对需求的规模与等级进行分类，主要分为：医疗设施、基础教育设施、文化设施、体育设施、福利设施以及商业服务设施等。

表7-1　乡村公共服务设施分类

| 设施类别 | 主要项目 | 中心镇 | 一般镇（乡） | 中心村 | 基层村 |
|---|---|---|---|---|---|
| 医疗设施 | 防疫站、卫生监督站 | ● | ● | — | — |
| | 医院、卫生院 | ● | ● | — | — |
| | 卫生室 | — | — | ● | ● |

续表 7 - 1

| 设施类别 | 主要项目 | 中心镇 | 一般镇(乡) | 中心村 | 基层村 |
|---|---|---|---|---|---|
| 基础教育设施 | 高中 | ● | ○ | — | — |
| | 初中 | ● | ● | — | — |
| | 小学 | ● | ● | ● | ○ |
| 文化设施 | 图书馆 | ● | ○ | — | — |
| | 影剧院 | ● | ○ | — | — |
| | 文化站 | ● | ● | — | — |
| | 文化室 | — | — | ● | ● |
| 体育设施 | 小型体育馆 | ● | ○ | — | — |
| | 室外运动场 | ● | ● | — | — |
| | 室外健身场地 | ○ | ○ | ● | ● |
| 福利设施 | 敬老院 | ○ | — | — | — |
| | 休疗养院 | ○ | — | — | — |
| 商业服务设施 | 小型超市 | ● | ○ | — | — |
| | 日杂货超市 | ● | ● | ● | ○ |

注：●为应设公共服务，○为非必需设公共服务。表格来源：《村镇规划标准》(GB 50188—93)。

(1)医疗设施，包括防疫站、医院卫生院、卫生室等，可以充分满足村民日常看病要求，为乡村居民健康提供保障。随着人民生活水平的日益提高，其对卫生服务、养生保健、医疗水平的需求也日益增加。乡村医疗设施在规划建设中要选择地势较高、阳光充足、环境安静的区域，并配有一定的绿地。

(2)基础教育设施，包括高中、初中、小学、幼儿园、托儿所等。配套完善的乡村教育设施已成为美丽乡村发展的关键要素之一。乡村基础教育设施包括中小学和幼儿园两个部分，教育设施可以根据乡村服务范围均匀分布，以实现教育资源的均等化。

(3)文化设施，包括图书馆、影剧院、文化站、文化室等文化活动场所，是广大村民进行文化知识学习、接受科普教育、开展文化活动的场所，也是村民进行日常交流、休闲娱乐的活动场地。应利用乡村文化设施定期组织开展民俗文化活动、文艺演出、讲座展览、电影放映等群众性文体活动。

（4）商业服务设施，包括商场、百货店、超市、集贸市场、供销社、茶馆、小吃店等。商业服务设施是与居民生活密切相关的行业，商业服务设施要因村制宜，根据不同类型村庄发展的实际情况进行建设。乡村商业服务设施建设要根据村民生产生活需求，以建设具备综合服务功能的便民商业设施为目标。

（5）体育设施，包括小型体育馆、室外运动场、室外健身场地，采用基本配置和选择配置两种建设形式。乡村体育设施建设中要营造全民参与健身活动的良好氛围，要通过乡村社区举办一些村民喜闻乐见、乐在其中的活动，提高村民的参与度，逐步将村民日常休闲活动从棋牌电视转到文体活动中来，真正做到全民健身。

（6）福利设施，包括敬老院和休疗养院，是体现"以人为本""老有所养"的具体表现。乡村福利设施主要是通过兴办社会福利院、敬老院、老年人活动中心、老年人康复中心等，为老年人提供免费的福利服务[1]。

下面重点介绍乡村医疗设施、基础教育设施、文化设施以及商业服务设施的发展现状及布局方法或发展思路。

## 1. 医疗设施

（1）发展现状

随着人民生活水平的日益提高，对卫生服务、养生保健、医疗的需求也日益增加。医疗卫生配套集中表现为数量分布较为集中，但质量堪忧。在管理制度方面，尚未形成较为完善的乡村医疗体系；部分医疗设备本是一次性使用，却出现循环交叉使用等现象；专业人员配备不足，主治医生较少，村民看病难的问题日益凸显[2]。按照我国村镇的现实状况，医疗机构可以根据村镇人口的规模加以分类：中心镇可以设立中心卫生院，普通的集镇可以设立乡镇卫生院，中心村设立村卫生服务站。

（2）布局方法

乡村医疗设施应布局在环境安静、交通方便的独立地段，便于病人救护。布局时与邻近建筑要拉开距离，并与周围环境相适应。

1）分散布局：分散布局是把医疗用房和服务用房基本分开建造，有利于形成良好的功能分区。这样能够保证互不干扰，易于通风，预防污染。

2）集中布局：主要用房安排在同一座建筑内部，内部联系方便，设备集中，便于管理。

## 2. 基础教育设施

(1)发展现状

乡村教育设施主要包括中小学和幼儿园两个部分。中小学建筑主要包括公用房、教室、实验室、宿舍、食堂、图书阅览室、厕所等服务性设施；幼儿园主要包括活动用房、寝室用房、音体活动室、供应用房、室外活动场地。

随着城镇化进程的加快，乡村人口流失、空心化等问题日益凸显，留在村里的学龄儿童逐年减少。以长株潭地区为例，据统计，截至 2016 年，长株潭地区义务教育各类院校 2297 所，共有在校学生约 151 万人，其中乡村地区义务教育各类学校所占比重仅为 12.58%。通过走访调研，进一步发现以下几个问题：第一，学校规模偏小，教育设施和管理体系不完善[3]；第二，学校多为分散布局；第三，义务教育没有得到普及，适龄儿童辍学问题大量存在，子女教育问题令人担忧。学龄儿童人数锐减、教育资源分布不均等问题导致教育资源集中在城镇，乡村内的学校普遍较少，而对于人口数量较小的乡村，几个乡村共用一个幼儿园、小学的现象明显。

(2)布局方法

乡村中小学和幼儿园建设既要符合教育部门布点规划要求，也要符合村镇规划编制办法、村庄规划标准中对不同层次乡村的布点要求。乡村学校应按照各自的服务范围均匀分布，主要入口不应该开向主要公路，避免交通车辆对其造成威胁，布局时应以学生上学最近距离为宜。

1)幼儿园：幼儿园的服务半径为 300～500 m，常见的布局方式有两种：一种是在村庄的几何中心，主要优点是服务半径小，位于村庄任何位置的居民接送都很方便，适用于规模不大的村庄；二是分散布局在住宅组团之间，可以结合道路系统布置，服务半径均匀，适用住宅组团规划较大的村庄。

2)小学：小学的服务半径一般不大于 1000 m，尽可能接近住宅，主要有三种布局位置：第一种在村庄的外部，环境比较安静，对于学生来说，行走线路较长；第二种在村庄的边缘，该布局的主要优点是接近居民点且服务半径较大；第三种在村庄的中心，服务半径较小，可结合村庄的公共绿地设置。教学及行政用房建筑面积，小学约为 2.5 m²/生。

3)中学：中学的服务半径为 1500 m，主要由教学楼以及办公房组成。此外，还有室外运动场地以及必要的体育设施，条件好的中学还应有礼堂等。教学及行政用房建筑面积，中学为 4 $m^2$/生。

## 3. 文化设施

（1）发展现状

乡村文化设施主要指文化站、党政宣传栏以及老年人活动站，多布置于村委会附近，或与其他公建合设，通常伴有小型广场。村庄公共服务设施的配置标准中明确规定了中心村、基层村均需布置文化站以丰富农村居民的精神生活。《乡镇文化站综合管理办法》也规定："文化站基本功能空间应包括：多功能活动厅、书刊阅览室、培训教室、文化信息资源共享工程基层点和管理用房，以及室外活动场地、宣传栏等配套设施。"由于功能的复杂性，文化站建筑需要较大的建筑面积[4]。

调研发现，乡村文化设施发展过程中的问题主要有：第一，村民在休闲日并不经常进行教育等文化活动，文化馆、活动室等设施利用率较低；第二，综合文化中心过于集中在村中心，活动过程中产生的噪音对居民产生了干扰；第三，设施老化、陈旧的现象居多；第四，文化设施过于盲目建设，不能满足居民实际需求。

图 7-1 乡村文化设施与活动

（2）布局方法

1）集中式布置：文化设施集中布置就是把表演用房、娱乐用房、学习用房等多种用房布置到一幢建筑中，这种布局功能紧凑，在北方地区有利于节约能源和空间。

2）分散式布置：文化设施分散布置就是把表演用房、娱乐用房、学习用房等多种用房进行单独设置，减少各部分之间的相互影响，可以进行分期建设。

## 4. 商业服务设施

（1）发展现状

村镇商业服务设施一般分为三种类型：

1）供销社：村镇供销社主要功能是向农民销售商品，它属于供销、收购的综合形式。供销社主要为村镇提供生活、生产使用的商品和农副产品[3]。乡村供销社按照经营类型又可分为综合店、百货店、五金交电店、文化用品店、食杂果品店、食肉水产店等。

图 7-2　新农村供销超市、服务社

2）集贸市场：农村集贸市场是市场交易的另一种形式，是农民进行商品交流的重要方式。根据商品品种大致可分为两类，一是农贸市场，农贸市场中的大部分产品为农民的自产品，如蔬菜、水产、肉食、蛋禽等；二是小商品市场，销售服装、鞋帽、杂品等[4]。集贸市场在空间上相对分散，应选择交通便利的地方，有利于商品交流和流通，注意与居民点保持一定的距离，不干扰居民生活，既可采用沿街布局的方式，也可独立设计单元。

3）小型超市：随着居民生活水平的提高，在村镇主要出入口处要设置小型超市，即选择位置较好的地方设置小型超市，小型超市主要销售家居的日常用品、烟酒副食等。

图 7-3　新农村集贸市场

图 7-4　新农村小型超市

　　不同村庄的商业服务设施要根据村庄的生活和生产发展需要进行配置。乡村现有商业基础普遍较为薄弱，有些乡村共用一个定期赶集的区域以满足乡村居民日常需求；有些乡村仅有几处居民自办的小商店，并且存在着商品种类较少、部分商品超出保质期的问题等。

　　（2）布局方法

　　农村商业服务设施的布置，一般可分为六种形式，即分散布置、成片集中、沿街布置、几何中心布置、分散与成片集中布置、沿街与成片集中布置。

　　1）分散布置：对于一些与居民生活密切相关，使用频繁，且功能相对独立的商业服务设施，如小吃店等，应选择分散布局的方法。

　　2）成片集中：有利于居民使用和经营管理，易形成良好的步行道。商业和服务网点集中，项目比较齐全，居民采购方便，也便于经营管理。

3）几何中心布置：这种集中式商业布局模式，易于形成综合服务中心，方便居民购物、娱乐和生活。

4）分散与成片集中布置：在规模较大、设施比较齐全的村镇，可以将商业服务设施集中布置，形成一定的商业中心，而将日常的商业服务网点分散布置，有利于发挥商业服务设施效应，方便经营管理。

5）沿街和成片集中布置：这是一种沿街和成片布置的形式，可综合沿街和成片集中的特点一起布置。

## 二、固本强基的基础服务

乡村基础公共服务设施是指为乡村社会生产和生活提供公共服务的工程设施，主要包括村庄交通、供水、排水、污水处理、环境卫生、绿化、供电、邮电、燃气等设施[5]。总体上看，我国乡村基础服务设施差距较大，相关的政策、法规还不够完善。乡村基础服务在发展过程中具备以下几个特点：

（一）服务规模较小：村庄和小城镇相比，无论是人口规模还是第二、第三产业均有较大的差距，配套设施都很小。由于村庄人口规模有限，相应的设施维护成本较高，所以各项设施要尽可能简化。

（二）服务具有区域性：一方面，基础设施都有一定的区域，要按照村庄的大小决定范围；另一方面，基础设施要能够服务本区域。

（三）对乡村有决定性影响：一个村庄基础设施的完善程度，对村庄的生产和生活都有重大影响，而且较大设施的布局、规模、建设和生产方式也受到村庄基础设施的制约[5]。

2018年中央一号文件指出："要以垃圾治理、污水处理为重点，改善人居环境。实施重点道路硬化工程，加快村内道路、给排水等公用设施的维护。"新时期，要抓好基础设施配套建设。基础设施主要分为农田水利设施、道路交通设施、供电设施、能源再生设施、环境治理设施、防灾系统设施等六大类。

### 1. 农田水利设施

（1）发展现状

近年来，我国农田水利设施建设取得较大成效。但也存在一些问题，如农田灌溉设施配套不完善，农田水利建设标准不高，缺乏有效的管理等。

图 7-5  农田水利灌溉

（2）发展思路

1）在进行农田水利规划中，要充分利用现有水利设施，根据农村发展和条件进行适当调整。要结合当地的水资源、地势、饮水状况因地制宜地做好农田水利灌溉规划，实现多种用途和一水多用。

2）在进行取水开渠时，规范化小型农田水利设施，规划好引水地点水位的高低、地点和引水口的长度，方便农民对农田进行灌溉，同时还能节约成本[5]。

3）加强对农田水利设施建设中的污水处理力度、水源和土地的保护力度，废料、废气、废水只有达到相关标准后才能进行排放[6]。

## 2. 道路交通设施

（1）发展现状

近年来，我国农村公路由原来坑坑洼洼的土路变为平整的水泥路面，大部分乡村都通了水泥路，农民出行条件得到了极大改善，乡村路网建设逐步健全。

村庄道路主要分为三类：主要道路、次要道路、田间道路。

表7-2　乡村道路等级技术指标

| 规划技术指标 | 道路等级 | | |
|---|---|---|---|
| | 主要道路 | 次要道路 | 田间道路 |
| 行车速度(km/h) | 30~20 | 20~15 | 15~10 |
| 道路红线宽度(m) | 8~15 | 5~10 | 3~5 |
| 道路材料 | 沥青混凝土、水泥混凝土、块石 | 混凝土、碎石、细石沥青 | 混凝土、碎石、细石沥青 |

1)主要道路:是农村与外界进行物资流、信息流、人员流的载体,是村庄经济活动的动脉,是促进村庄产业转型发展和经济提升的重要因素。

2)次要道路:村庄内部交通设施是村民日常的基本设施,包括村庄内道路、广场、停车场等设施。

3)田间道路:辅助于农民进行田间劳作,多为混凝土路。

图7-6　乡村道路基本实现村村通

(2)发展思路

1)因地制宜,就地取材。根据农民、农用车以及农村交通的特点,结合当地农村资源、经济状况,建设适合当地农村特色的公路以及道路交通设施。

2)农村道路建设不仅要"通路",而且要"通车",实现人便于行,货畅其流。在制定农村道路发展规划时,要同时考虑农村客运站点的布局,换成"路、站、运"一体化的思想,实现农村道路客运网络化,争取实现乡镇客运达到100%。

3)农村道路建设应按照"安全、方便、节约"的原则,同时完善防护、排水、交通安全设施等附属配套设施,路基路面应根据使用功能、技术等级,既要有足够的稳定性，又要满足经济合理性，以提高农村道路抗灾能力[7]。

## 3. 供电设施

（1）发展现状

一方面，客观来看，我国部分乡村现有的供电设施较为薄弱，有些乡村共用一个供电设施以满足乡村居民日常需求。乡村供电设施规划时，要保证电力供应满足生产、生活需求，并能根据乡村的供电规划，合理扩容需要的配电站位置[8]。电信、有线电视、网络配套设施齐全，管理到位，基本实现农村广播覆盖率100%。

另一方面，党的十九大以来，我国农电"三新"战略建设开展得非常顺利，进行了农电管理体制改革以及农村电网的改造，实现了农村同电、同价、同网的目标。农村供电无论是可靠性还是电压质量都得到了提升[9]。

（2）发展思路

1）夯实农村电网基础，提供农网供电能力、改善农网供电质量，着力解决农网网架薄弱、结构不合理等问题。

2）在配网、线路、材料配置等方面统一规范，达到安全、实用、美观的效果，使得这些外观耐看、内部整洁的电力配套设施与美丽乡村村容村貌相得益彰。

3）对乡村村民宣传普及安全用电、节约用电知识，发放用电安全知识手册；对孤寡老人、留守儿童进行用电帮扶，义务为他们整修用电照明线路和设备，主动上门指导科学用电[10]。

## 4. 能源设施

（1）发展现状

乡村能源主要是指用于农业生产、农村工商业经营和乡村居民生活的能源。

近年来，我国乡村能源建设规划和数量上有了很大的发展，但也存在着许多问题：1）乡村生活散煤几乎全部低效直燃且没有任何环保设施，传统秸秆、薪柴等生物质利用率明显降低；2）农村能源基础设施落后，能源建设长期受到忽视；3）农村能源缺乏专业服务，劳动强度高。由于农村劳动力大量外出打工，日常用能已经成为每个家庭的负担；4）农村能源技术落后，生态环境遭受严重破坏[11]。

（2）发展思路

1）优化农村能源供给结构，大力发展太阳能、浅层地热能、生物质能等，因地制宜进行乡村能源建设，实行全面、严格节约能源制度和措施，提高能源利用效率。

2）完善乡村能源基础设施建设，加快乡村电网改造升级，推动供气设施向农村延伸。

3）加快推进生物质热电联产、生物质供热供电，规模化生物质天然气和规模化大型沼气等燃料清洁化工程。

4）推进农村能源消费升级，大幅提高电能在农村能源消费中的比重，加快实施北方农村地区冬季清洁取暖，积极稳妥推进散煤替代[12]。

5）推广农村绿色节能建筑和农用节能技术、产品。

图7-7　乡村太阳能光伏

## 5. 环境设施

（1）发展现状

长期以来乡村居民居住环境令人担忧。农药、化肥的过多使用，使得农村土壤遭到破坏，水质受到污染，一些水产养殖、渔业加工、污染严重的工厂产生的垃圾没有经过处理，自然堆积、填埋，造成农村居住环境"脏、乱、差"；乡村生活污水和生活垃圾无害化处理率低；饮用水源水质下降，饮用水安全无法保障；畜禽养殖污染以及乡镇工矿企业问题突出[13]。

图 7-8　乡村居住环境"脏、乱、差"

（2）发展思路

1）加强乡村环境的综合治理，对村庄生活垃圾收集、运输、处理等方面分类处理，贯彻生活垃圾无害化、减量化、资源化的原则，实现垃圾集中收集运输。

2）推进乡村污染面源治理与生态农业、乡村旅游等产业联动发展，在自然景观较好的村庄发展森林康养、养老度假、农家乐等特色项目，以特色生态产业发展带动村容村貌改变，大力提升乡村环境质量。

3）建立健全环保法律法规，加大乡村环保宣传教育力度；重点进行污染源监督、环保执法力度。

## 6. 防灾设施

（1）发展现状

乡村灾害分为自然灾害和人为灾害两类。与城市比较而言，受经济社会发展程度、人口素质、交通和通信设施的限制，广大乡村的综合防灾能力较差，并未建立综合的防水、防火、防灾体系。从这个层面来讲，广大乡村是防御和减轻各种灾害的薄弱地区。因此，加强乡村防灾设施规划建设至关重要。

（2）发展思路

乡村防灾设施布局中需考虑未来发展规模、预留扩张公共服务设施能力的用地，并且在选择防灾设施布点时要充分考虑整个乡村，中心村更要考虑周边乡村的需求，结合各服务设施的服务半径以及结合道路交通系统，最大化利用各服务设施，避免重复浪费[13]。

1）乡村防灾设施在规划设计时应考虑当地地质情况，在远离有地质灾害的地区进行集中的居民点选址，对现有存在地质灾害隐患的居民点进行搬离，并提出地质灾害防治目标和治理措施。

2）乡村防灾设施应与乡村的公共空间相结合，如村委会、学校等有开敞空间的用地可作为主要疏散场地，并结合卫生室保障救援，同时乡村的主要道路一般为疏散通道以及救援通道。

◆ **实践说——荆川村基础设施建设**

1. 村庄基本情况

陕西省富平县淡村镇荆川村位于陕西省渭南市富平县境内，荆川村将建设现代农业发展示范基地，重点发展粮食、林果、蔬菜等种植产业及奶山羊、生猪规模养殖和特种养殖；建设以休闲旅游为主的"印象东府"田园旅游特色村落，重点发展以休闲、体验、拍摄为主的乡村度假旅游。

图 7-9　陕西省富平县淡村镇荆川村鸟瞰图

2. 基础设施建设

(1)排水设施规划

当地农村生活污水主要源自厕所、洗浴、洗衣服、厨房污水等，基本不含重金属和有毒有害物质，含有一定量的氮和磷，可生化性好；住户分散，缺少系统排水管网，污水集中处理难度较大。1)解决措施：排水体制采用雨、污分流制。2)处理工艺：污水—格栅池—调节池—预处理厌氧池—潜流式人工湿地—稳定塘—达标排放。

(2)供电设施改造

供电设施现状及问题：村内设有10千伏变配电所5个。变压器容量已经饱和，不能满足日益增长的用电需求，配电设施陈旧，造成时常断电现象。根据住户的规划布局，重新改造供电线路：1)在南权、东刘、田家共新建4个10千伏变配电所；2)10千伏变配电所电源近期仍从原有10千伏架空线路接引，远期升级为35千伏。

(3)环卫设施规划

村内沿路公厕多为住户自建，设施简陋，无污水处理设施，对村庄环境及村容村貌有很大影响。保留村委会内和村庄西侧公厕，在东刘组西侧新设公厕一座。近期原有建筑使用分集式生态卫生旱厕。不向水体排放污水，粪尿分集；粪便用灰覆盖，干燥，无臭味；无蚊、蛆、苍蝇；粪尿无害化，可用于农业生态循环。远期改造为冲水式厕所。新建建筑均采用冲水式厕所。

图7-10　环卫设施现状

图7-11　环卫设施改造图

(4)供热燃气设施规划

规划应对保留建筑进行节能改造；政府应对村民进行宣传，对新建的建筑应使用节能建筑。普及沼气池知识体系宣传；提升农村沼气池的管理机制；引进新型沼气设备；由村委会组织协调原料采购。采暖措施：1）家用小型采暖系统；2）复合式太阳能采暖房；3）电取暖。

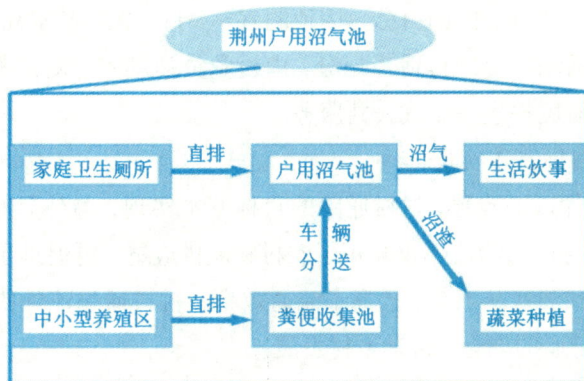

图 7-12　沼气池改造示意图

（5）防灾设施规划

新建工程必须按国家颁布的《建筑物抗震设计规范》进行抗震设计和建设；村内的公共绿地、广场及外围田野等开阔空间作为避震疏散场地，主要道路作为疏散通道。规划区消防设计按防火规范要求，消防道路宽度≥4 米，净空≥4 米；柴草堆场与建筑物的防火间距不宜小于 25 米；保证管道压力在灭火时最不利点消火栓的水压不小于 10 米水柱，流量满足消防车用水需求。沿村庄南侧靠近堰面一侧设置截洪沟，截流洪水，降低对地面的冲刷；保护山洪地表径流渠道，并对现有冲沟绿化美化，作为山洪排水通道；按照国家《防洪标准》（GB 50201—94）的有关规定，荆川村的防洪及排涝设计标准均为二十年一遇。

## 三、推陈出新的建设要求

从总体上来看，我国乡村基础设施建设能力持续加强，农村人居环境明显改善，基本社会服务不断向乡村延伸，公共服务已经在乡村整体覆盖。

## 1. 建设现状

（1）基本社会服务全覆盖

广大乡村在公共服务建设过程中坚持以人为本、统筹兼顾、协调发展，基本实现了学有所教、病有所医的目标。因地制宜、一村一策，基本社会服务全覆盖，将办公区、公共活动区等进行适当划分，内设党员活动室、便民服务站、计生卫生室等场所，为村民提供一站式公共服务。

（2）村村通目标基本实现

乡村交通条件逐渐改善，村村通路的目标基本实现，与外界互联互通，农民出行更加便捷。村村通物流不仅缩短了农村物流供应链，更促进了农林产品加工进城，方便农资和消费品下乡，提高了流通效率。村村通物流加快了电商产业与农业、工业、旅游业的融合，带动乡村发展。

图 7-13　村村通物流

（3）智能电网逐步普及

乡村智能电网的普及，为改善农村能源结构提供了支撑。农村信息基础设施建设，有力地推进了宽带网络在农村的广泛覆盖。随着智能电网的升级改造，除了对配电网规划设计、接入管理、运行检修、安全协调控制等方面提升外，一批伴随着智能电网而生的设备逐渐走入寻常百姓家，智能手机、智能电脑、智能电饭煲等渗透到乡村居民生活的方方面面。

图 7-14　智能电网的普及

（4）节能建筑稳步推广

近年来，在乡村公共设施建设中已开始推广应用最新的建设技术，如智能化、装配式建筑等，对于降低使用成本、促进乡村建筑节能减排具有至关重要的作用，而且将绿色、环保为主导的建筑智能化措施应用到公共设施功能设计中，符合美丽乡村建设相关要求[14]。

图 7-15　乡村节能建筑的推广

## 2. 建设要求

（1）公共服务均等化

乡村公共服务均等化是农村经济快速发展的物质基础。乡村公共服务均等化的实现机制是农村公共产品供给模式的创新[15]。要从法律上保障基本公共服务均等化；完善农村社区公共服务供给决策机制，实现农民需求导向；完善公共财政制度，加大农村社区基本公共服务供给的资金投入；完善农村基本公共服务，继续推进城乡一体化。

（2）公共服务标准化

乡村公共服务标准化应围绕村容村貌、公共服务中心、基础设施、农村水利灌溉、垃圾收运、道路、河道、绿化、环境卫生、公共厕所的管理与维护等核心内容，以提高标准的科学性与适用性为目标，满足村级公共服务运行维护工作的实际需求[15]。

## 3. 建设思路

（1）构建乡村公共服务应最大限度满足乡村居民需求，实行共建、共享、共有的原则，建立多元融资机制，最终形成乡村公共服务体系多元化的发展态势。

（2）加强乡村基础设施建设和公共服务，按照推进城乡经济社会发展一体化的要求，搞好美丽乡村建设规划，加快改善乡村生产生活条件。乡村基础设施建设要以水利为重点，大幅度增加投入，完善建设和管护机制，同时搞好抗旱水源工程建设，完善乡村小微型水利设施，全面加强农田水利建设[16]。

（3）推进乡村电网改造，加强乡村饮水安全工程、公路、沼气建设，继续改造农村危房，实施乡村清洁工程，开展乡村环境综合整治；提高乡村义务教育质量和均衡发展水平，推进乡村中等职业教育免费进程。

（4）完善乡村社会保障体系，逐步提高保障标准；深入推进开发式扶贫，逐步提高扶贫标准，加大扶贫投入，加快解决集中连片特殊困难地区的贫困问题，有序开展移民扶贫，实现乡村低保制度与扶贫开发政策有效衔接。

**参考文献**

[1] 安国辉.村庄规划教程[M].北京：科学出版社，2015.

[2] 人民论坛. 美丽乡村与基层党建如何相互促进[EB/OL]. http：//www. rmlt. com. cn/2017/0509/473620. shtml. [2017－5－9].

[3] 王宇.生态文明建设中的新农村规划设计[M].北京：中国水利水电出版社，2017.

[4] 赵先超，宋丽美.长株潭地区美丽乡村规划发展模式与建设关键技术研究[M].西安：西安交通大学出版社，2017.

[5] 乡镇论坛.美丽乡村的安吉模式[EB/OL].http：//www.360doc.com/content/15/0127/12/79186_444153248.shtml.[2015-1-27].

[6] 吴理财,吴孔凡.美丽乡村建设四种模式及比较——基于安吉、永嘉、高淳、江宁四地的调查[J].华中农业大学学报(社会科学版),2014(1)：34-38.

[7] 李国祥.农村基础服务建设升级,基本社会服务范围扩大[R].北京：中华人民共和国国家统计局,2017.

[8] 中国水网.中央一号文件关于农村环境治理的关键词：综合性、资源化、厕所革命[EB/OL].http：//www.h2o-china.com/news/270380.html.[2018-2-5].

[9] 郭瑞军,王晚香.农村道路交通规划方法浅析[J].北方交通,2007(4)：25-28.

[10] 林文坤.游洋镇供电所：电力扶贫让美丽乡村更美丽[EB/OL].https：//mp.weixin.qq.com/s?__biz=MzI2OTM2OTQ0NA==&mid=2247486542&idx=5&sn=467b676e3a915f95737dd23c929a9730&chksm=eae02545dd97ac53820dea4969223b767c245539731f958465404eb7fde8877cda35a91a6e92&mpshare=1&scene=1&srcid=0318mpG2v8iNG4GjDvyyiM5L#rd.[2017-12-29].

[11] 仝协,侯捷旭.农村电力设施的现存问题及对策研究[J].城市建设理论研究,2011(36)：78-79.

[12] 倪珂,潘娟.基于美丽乡村建设的山地村落公共设施建设方法研究[J].居舍,2017(33)：78-79.

[13] 赵青海,徐巍.小型农田水利工程建设存在的问题及对策[J].黑龙江科技信息,2014(17)：23-2.

[14] 姜乖妮,李春聚.新农村防灾规划：一个不容忽视的问题[J].农村经济,2008(10)：29-31.

[15] 张珂.统筹城乡视角下农村社区基本公共服务均等化问题研究[D].福州：福建农林大学,2014.

[16] 侯月丽,王加情.浅析村级公共服务运行维护标准化建设——以江苏省村级公共服务运行维护标准化试点为例[J].中国标准化,2015(11)：127-129.

# 第八章 | 乡风文明　美丽乡村之文化建设

　　纵观中华民族的历史长河渊源，各地区因自然地理环境的不同，形成了具有地域特色的乡土文化。乡土文化是客观历史条件下所形成的文化形态，它担负着对中华传统文化的继承与传播，也维系着乡村、宗族、社会经济与文化道德等诸多方面的发展。它具有鲜明地域特色，能够充分反映某一地区百姓的日常生产活动方式以及生活习惯，是人类在特定区域内历史、人文、生产劳动力、意识形态的见证[1]。新时期，推进美丽乡村的乡风文明建设，其重点在于加强以传承乡土文化为主体的文化建设。

## 一、雅俗共赏的生活文化

### 1. 雅而更雅：非物质文化（遗产）的传承

　　古人将高尚而不粗俗的兴趣称为雅兴，其中"雅"所形容的就是个人的文化精神状态。而"雅"在乡土文化之中，指的则是非物质文化的形态，是一直以来乡村文化建设中的精神文明传承与建设。这些精神文化凝聚着历史发展中各个地方最独有的特色，跟生活息息相关，甚至有些代表着历史阶段的状态，也是乡土文化中家喻户晓、代代相传的部分，如极具地方特色的秧歌、用来传递感情的各地各族的山歌民歌、纪念屈原的赛龙舟等，这些地方习俗是老祖宗留下的非物质文化遗产，是乡土文明中应保存和继承的乡土文化。然而不可否认的是，由于城镇化和现代化发展的影响，人们将发展重心放在物质追求与经济建设上，忽略了精神文化建设的重要性，导致以往重要的传统节日、传统工艺、民间习俗等精神文化被遗忘。

乡土文化起源于农业社会，是中国传统文化的重要组成部分，其本质是农业文化，是在一个特定的地域内发端、流行并长期积淀，带有浓厚的地方性色彩的文化。因此，各个不同地区的乡土文化具有一些共性，都包含了诸如语言、习俗、价值观、宗教信仰、社会组织形式等农民群体祖辈形成的文化因子，是特定区域的共性文化积淀，具有鲜明的地域特色。

图8-1　传统工艺糖画

图8-2　民间文化秧歌

客观来看，在城镇化过程中，对于乡土文化的保护困境在于：（1）城镇化背景下价值观念的改变，形成了对乡土文化的吞噬。在城镇化的发展中，人们的生活方式和价值观念发生了巨变，脱离了传统风俗和契约关系的束缚，取而代之的是理性化的人际关系和交往规则，以及时尚性的消费文化，导致原有的乡土文化与现代社会形成了很多的冲突和不适。（2）市场经济条件下的功利心态，形成了对乡土文化内涵和价值的扭曲与扼杀。在城镇化、现代化、市场化的浪潮中，乡土资源的整合和乡土文化的传承也显得越来越功利化，更注重物质层面，而不是精神层面，使其失去了原有的朴素和内涵，走上了畸形的商业化发展道路。（3）城镇化进程中的盲目性和急功近利，形成了对乡土文化的解构。一方面，城镇化共享经济发展和科技进步带来的成果，改善农村居民的物质生活水平；另一方面，人们过分注重物质追求和经济建设，忽略了文化传承和精神建设的重要性，由此而产生的技术泛滥、文化同化和城镇建设同质化问题，增加了乡土文化传承断裂、被逐渐解构甚至泯灭的风险[2]。

随着时代的发展，人们逐渐认识到乡村已经成为不可或缺的人居、游憩、农业和文化传承的载体，但显然丢失了文化的乡村是不可能美丽的。党的十八大指出"坚持走中国特色新型工业化、信息化、城镇化、农业现代化道路"，首次提出新型城镇化的概念，并将之确立为未来中国经济发展以及增长的动力和扩大内需的手段。城镇化的目标并非不要农村，也并非把城市的东西简单地套用到农村，使农村风貌与城市一样。城镇化应当是把城市文明带到农村，让农村既保留原有的"乡土风情、田园风光"，又能享受到"现代文明、舒适生活"。

乡土文化因地域不同而特色鲜明，并具有延续、不断发展的可持续性。"美丽乡村"建设不仅要保留传统乡土文化的本旨与内涵，还需通过合理的传承方式使之成为一个完整的、连续的文化脉络，并在新时期焕发光彩。因此，在"美丽乡村"的精神文化建设之中应做到以下几点：

（1）对乡土文化保护进行长远、科学的规划。乡土文化的传承与保护，应当首先体现在对传统乡土文化的继承上，避免民间传统文化的断层和文化传承人才的流失。例如山东潍坊市寒亭区的杨家埠村。杨家埠村历史悠久，文化灿烂，以明古槐与明古屋闻名遐迩。杨家埠木版年画兴起于明代，全以手工操作并用传统方式制作，发展初期受到杨柳青年画的影响，清代达到鼎盛期，杨家埠曾一度出现"画店百家，画种过千，画版上万"的盛景，产品流布全国各地。其中最大的东大顺画店拥有画版300多套，年制画百万余张。早在新中国建立之初，山东省文化局为避免文化的流失，于1951年和1952年两次对杨家埠村进行调查。最先兴建的杨家埠民间艺术大观园，为仿古四合院建筑结构，内有杨家埠木版年画陈列馆、杨家埠风筝陈列馆、民俗院、婚俗馆。这些展览馆的建成逐渐形成规模，不仅保护了当地的文化风俗，更成了重要的旅游资源。

图8-3　潍坊市寒亭区杨家埠

图8-4　杨家埠年画

（2）强化乡土文化教育。乡土文化的有效保护，离不开有效的乡土教育，地方教育机构必须充分认识到当代乡土文化的特征和使命，形成良好的乡土文化保护氛围，不仅要加大乡土文化的宣传力度，还应给当地居民体验乡土文化的机会，增强当地居民的归属感和自豪感。重视宣传和教育，不仅能够提高广大居民主动参与保护乡土文化的积极性，更能降低乡土文化保护与传承的阻力。

（3）对乡土文化的不断创新。礼记有言：苟日新，日日新，又日新。随着美丽乡村建设的推进，乡土文化被赋予了新的内涵。我们在对其进行继承与保护的同时，更需要顺应时代发展的要求，进行更高层次上的发展与创新，进一步凸显地方特色，提升当地乡土文化的影响力，能够推陈出新，孕育出既有乡土特色又有时代气息的新文化[3-4]。

## 2. 俗而不"俗"：物质文化的保护

"俗"在乡土文明之中意味着物质文化，主要包括了乡土建筑、乡土景观、历史遗迹、农耕器具等有形文化形式。如宏村、周庄等一些有着历史特色的建筑或独特的景观，都被列入了物质文化遗产的范围，是树立在不可逆流的时间长河之中一座座记载历史、纪念历史的丰碑。

图8-5　丽江古城

图8-6　西递宏村

### ◆ 相关的文化遗产保护公约

现行保护文化遗产的国际公约主要有：《保护世界文化和自然遗产公约》《保护非物质文化遗产公约》《保护和促进文化表现形式多样性公约》《生物多样性公约》《关于获取遗传资源和公平公正分享其利用所产生惠益的名古屋议定书》《国

际植物保护公约》《粮食和农业植物遗传资源国际条约》等。

在保护传统村落的物质文化遗产上，我国已取得丰硕的成果。从 2012 年起到 2014 年共进行了 4 次中国传统村落调查，从第一批的 646 个传统村落发展到第四批的 1598 个传统村落。尽管乡村文化遗产在保护与传承过程中仍面临着诸多问题与挑战，但只要坚持正确的、科学的保护原则，就能及时、有效地抢救和传承乡村优秀文化。保护传统村落的物质文化遗产，一般应遵循以下原则：

(1)以人为本。保护与传承乡村传统文化是为了延续历史文脉，守护人们的精神家园，实现中华民族伟大复兴的中国梦。这必然涉及每个村民的切身利益，农民才是乡村文化的载体，是传统村落的内生活力，只有保证活力，才能让物质文化一代一代传承下去。

(2)原真性原则。乡村文化遗产的特点在于具有时间和地域特征的自然景观、历史文物、传统建筑以及民风民俗。在保护和传承过程中，应尽可能保持乡村原生风貌，坚持原真性的保护原则，保护与传承乡村最真实的历史原物和它所包含的历史文化信息，只有这样才能将文化遗产完整、真实地沿袭和传承下来。

(3)整体保护原则。在乡村传统文化的保护与传承过程中，应对其所拥有的所有表现形式和全部内容进行全方位保护，既包括乡村传统文化自身，也包括其生存的文化生态环境。乡村传统文化并不是孤立存在的，而是与周边的自然生态环境、地理环境和社会环境相互影响、共生共存的，它们本身就是一个有机整体，如果割裂了这种依存关系，乡村传统文化就会随之消失。

(4)可持续性原则。乡村传统文化是人类社会文明的重要载体，具有历史性、社会性等特点，它的形成受到自然、社会等多种因素的影响，是社会历史发展中不可再生的珍贵资源，因此必须坚持乡村传统文化保护与传承的可持续性原则[5]。

## 二、顺应时代的乡风文明

### 1. 乡风文明的发展阶段

在"美丽乡村"建设的过程中，作为总方针之一的"乡风文明"就是要建设有助于乡村建设、发展和增进村民福祉的文化形式。"乡风文明建设"最早始于民国时期，发展至今可分为三个阶段[6-8]。

（1）民国时期的艰难探索：对于乡风文明的探索，民国时期的乡风文明建设虽然面临内忧外患的时局和经济条件有限的困境，但也认为中国的出路在农村，只有农村发展好了，中国才有办法，于是提出了乡村建设方案并付诸实践。这些实践方案中就包含着现如今"乡风建设"的重要思想：在教育上，规定教育宗旨的实施方针，严格控制各级学校的教育课程，帮助儿童形成良好的国民道德，提高生产和生活技能，使国民了解国情世情，养成尊老护幼，互助相帮的品质，学校增加了体育教育，农业教育也要紧跟；在公共医疗卫生事业上，采用自上而下的管理方式，建立了相对完善的医疗体系；认识到当时农村卫生状况，小学教育增加了卫生常识教育。

然而，当时的知识分子对中国的问题缺乏客观的分析，对局势缺乏深刻的认识，更重要的是其自身作为知识分子固有的思维限制——浪漫的理想主义与保守的改良主义。在实践中，其乡村建设既缺乏良好的政治环境又没有坚强的经济基础，既不能建立自己强有力的组织体系也不能将希望寄托于腐败的国民政府组织。乡村建设一直处于内忧外患的双重矛盾中，在军阀混战的夹缝中生存，最终在日寇入侵时纷纷倒闭，没能逃脱被终结的命运。但其对农民教育、乡村文化高度重视，值得我们深思，其具体的成功经验值得我们借鉴与吸收[9]。

（2）新中国成立初期的有益摸索：新中国成立标志着中国进入新的纪元，中国的政治、经济、思想观念、生活方式、人们的价值观念都随着新生的中华人民共和国发生根本性的转变。这一阶段的乡风文明建设处于尝试和摸索阶段，因而成绩和挫折并存。

新中国成立初期，随着新思想的介入和发展，之前的文教事业已满足不了新社会新农村的需要。为革除残存的封建习俗以及半殖民地社会萎靡的风气，政府从颁布新的《婚姻法》入手，宣传力度大，使新的道德观念和思想很快在人民群众中树立起来，社会风气的转变使得民众素质的提高有了希望。文化是一切改革与发展的前提，由共产党领导的全国性文化热潮此起彼伏，效果显著。

十年动乱阻碍了社会主义建设模式探索，使人们思想僵化，中国社会主义建设遭到了空前的打击和破坏，国家和人民遭受重创，乡风文明建设也就此陷入低谷。

（3）改革开放至今的发展阶段：

①以邓小平为核心的第二代中央领导集体较重视农村改革，根据中共中央

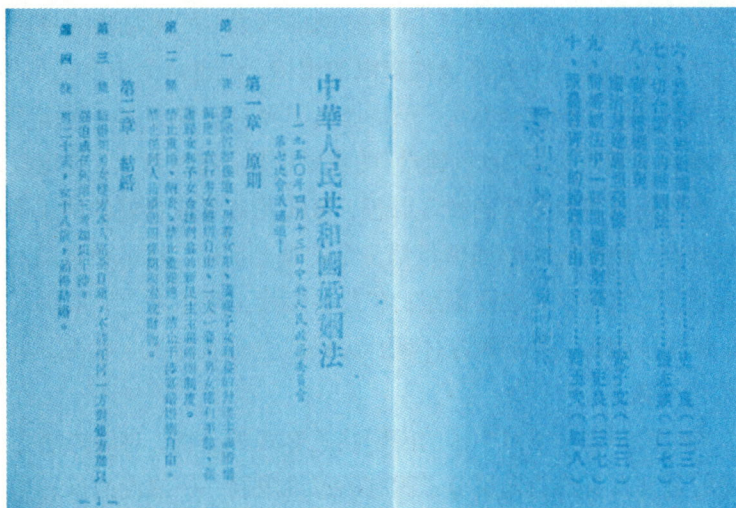

图 8-7  新中国成立之初颁布的婚姻法

1981 年第三十一号文件"逐步把农村集镇建设为当地的政治、经济、文化的中心"的指示，各地乡镇依靠农民的力量和积极性，办起了进行思想教育、传播科技文化和从事健康娱乐活动的文化中心，这些文化中心广泛开展了思想教育、文化知识教育、农业技术教育、计划生育教育等。在公共事业方面，要求全国县有图书馆，乡有文化站，农民能有定期的精神文化生活，有条件的村建立图书室，农民的文化生活质量明显提高。

②以江泽民为核心的党的第三代中央领导集体提出发展社会主义新农村，要进行农村民主法制和精神文明建设。党的十五届三中全会对农村思想文化工作的各个方面都做了具体部署要求，"在文化上，坚持全面推进农村社会主义精神文明建设，培养有理想、有道德、有文化、有纪律的新型农民；加强思想道德教育，倡导健康文明的社会风尚；发展教育事业，普及九年义务教育，扫除文盲，普及科技知识；发展农村卫生、体育事业，使农民享有初级卫生保健；建设农村文化设施，丰富农民的精神文化生活"[10]。

③以胡锦涛为总书记的党中央领导集体于十六届五中全会时提出建设社会主义新农村的具体要求。全会指出："要按照生产发展、生活宽裕、乡风文明、村容整洁、管理民主的要求，坚持从各地实际出发，尊重农民意愿，扎实稳步推进新

农村建设。"此后，"乡风文明"作为社会主义新农村建设的一个具体要求，也被提上了更加重要的位置。

④以习近平同志为核心的党中央领导集体，在2014年春节号召在全国范围内开展"我们的中国梦"文化进万家活动。为响应号召，各个地方积极开展活动，把精神食粮送到基层、送给群众。2017年中央一号文件提出"培育与社会主义核心价值观相契合、与社会主义新农村建设相适应的优良家风、文明乡风和新乡贤文化。提升农民思想道德和科学文化素质，加强农村移风易俗工作，引导群众抵制婚丧嫁娶大操大办和人情债等陈规陋习"[11]。

## 2. 乡风文明的建设内容

### (1)科学文明的文化建设

改革开放至今，城市和乡村都有了翻天覆地的变化，物质条件的迅速提高让乡村居民不再为温饱问题发愁，精神思想上也受到国际文化的冲击，以至于部分人出现"国外的月亮更圆"的过度崇洋思想。乡风文明建设的本质是为了弘扬优秀的传统道德，抛弃陋习，树立新风，将不正确的思想观念拉回到正确的道路上。

文化建设要在坚持社会主义核心价值观的基础上，进行科学文化教育。乡村居民文化水平的高低决定了乡风文明建设的水平。首先，加强科学文化教育不仅能够获得先进农业技术，更能将可持续化发展理念深入乡村，尽可能避免污染、浪费等情况。其次，科学文化教育能够帮助村民了解市场信息和科学技术，帮助村民增收。再者，我国乡村思想更新较落后于城市，文化水平的薄弱会让村民们将自己无法理解的问题划归至封建迷信的思想层面上。

### (2)健康正确的生活方式

首先，要倡导村民们拥有正确的娱乐方式。正确的娱乐方式能够保证村民们的生活健康，通宵达旦的玩乐不仅影响家庭及社会安定，更会影响下一代。其次，树立合理的消费观。对自身收入的合理分配有助于减少铺张浪费，能够从实际出发，避免上当受骗或不理性投资。再者，建设和睦的邻里关系。农村的人际关系有着自己独特的特点，它同时具有开放性和封闭性两种特征。如果邻居有客人来而主人不在家，代为招待，或者帮忙寻找主人是非常常见的事情。在农忙时节大家相互无私帮助收种更是屡见不鲜。这些都使农村呈现出和谐安定气氛。但是，传统的农村是通过宗族聚居而自然形成的，宗族的影响在农村不可忽视，这就体现出农村人际关系的封闭性[12]。

（3）遵法守法的行为方式

法律是乡风文明建设的保障。由于乡村居民受教育程度普遍偏低，法律意识自然较淡薄，发生冲突后往往容易用暴力手段解决，自身利益受到侵害有时也无法察觉，维权更是无从说起。因此，要加强农村法制建设，普及法律知识，让村民掌握相关的法律法规，避免有人利用村民对法律的不了解制造法律陷阱侵害村民的利益。还要确保农村市场的公平性，农村企业依法、诚信经营。

# 三、美意延年的生活姿态

## 1. 生活条件的变迁

（1）服装的变化

改革开放至今，服装行业成为经济生活中最为活跃的、发展最为迅猛的行业之一[13]。其发展基本分为三个阶段：20世纪80年代——服装业新的大门打开；20世纪90年代——多元创新阶段；21世纪初至今——时尚融合阶段。

改革开放前，由于经济发展缓慢，农村一户人口较多，粮票、布票根本无法满足一个家庭的需要。人们充分利用旧衣服、旧棉絮，将磨破的衣服打上补丁，短了的衣服接长，从不考虑式样。而在20世纪80年代改革开放初期，我国经济发展有了起色，人们收入不断增加，不再担忧温饱，又恰逢各行业与国际接轨，新的审美观念自国外涌进国内。随着审美观念的更新，人们开始购买成衣，穿衣理念从注重实用变为追求美观，衣着款式日趋现代化。乡村追求时髦的青年们穿着喇叭裤、皮鞋，色彩艳丽的上衣与夹克服、面包服、棉大衣等，中高档次的服饰也逐渐在富裕的村民中流行起来，并向高品质、多品类发展起来。

20世纪90年代，时装化的服饰在乡村持续流行，逐步与城市并驾齐驱。不仅颜色种类持续增加，原料也更加多元化，人们对于服饰的追求也开始逐渐由衣服逐渐扩大到发型、首饰等。20世纪80年代所流行的棉大衣逐渐被轻盈舒适的羽绒服和休闲服取代，鞋类的样式也逐渐由塑料凉鞋、皮鞋发展到高跟鞋、皮靴。女青年的发型不再限于短发、披肩发或梳辫子，烫发与染发流行了起来，追求时尚的男青年也开始蓄长发或烫发、染发。

21世纪初至今，城市与乡村的差距日益缩小，从服装上来看基本没有区别。

经过改革开放40年的发展，中国的经济、文化、思想都更加趋于成熟和国际化，服装的发展以及人们对服装和时尚的认识都与国际接轨，逐渐衍生出蕴含自我风格的服饰[14]。

图8-8　20世纪80年代服饰

图8-9　20世纪90年代服饰

（2）饮食的变化

饮食不仅是保证人类生存的第一要素，饮食的变化也体现了乡村社会生活的变迁。

在20世纪五六十年代，由于经济发展缓慢，米、面等主粮供给不足，无法满足乡村一家多口的日常需求，村民多以红薯等杂粮作为主食。食油常年紧缺，配菜多以少量时蔬和咸菜为主，零食瓜果几乎没有。

20世纪80年代，实行家庭联产承包责任制，调动了人们的劳动积极性，农民收入逐年增加，生活水平也日益提高。乡村居民的温饱问题基本得到解决，主食多为稻米、燕麦、玉米、小麦等，鱼类、肉类的日常需求也逐渐提高。

20世纪90年代，鱼类、肉类、蛋类等食品已成为餐桌上的日常食品，在冬季也能吃上种类多样的新鲜蔬菜，人们开始注重食品的营养搭配，从追求吃饱转为追求吃好，从吃"粗粮"转为吃"细粮"。

21世纪初至今，食品的种类更加丰富。除了一日三餐的主食之外，零食的种类也是多种多样，而且不再有地域的限制，全国各地甚至外国进口的干鲜果品随处可见，地区特色的美食店开满街巷。

（3）住房的变迁

在实行家庭联产承包责任制前，乡村居民住房以木料、石头堆砌的"土坯房"

为主，不仅使用面积小，通风、采光效果也较差，易被雨水侵蚀，如不及时修补有倒塌的危险。但在这种"土坯房"中，往往挤住着一家好几口人，甚至祖孙三代。屋内也仅有生活必需品，照明则使用的是煤油灯。家庭联产承包责任制实行后，村民逐渐富裕起来，渐渐把多余的收入拿来解决住房需求。

20 世纪 80 年代村民盖房多以砖与钢筋混凝土为材料，石灰粉墙。随着房屋可使用面积的增加，对于家具的需求也开始增加，当时受欢迎的家具包括写字台、单人沙发、石英钟表、收音机等。

20 世纪 90 年代时乡村房屋日趋城镇化，材料往往以水泥、钢筋混凝土为主。由于乡村通电普及，煤油灯换成了电灯，电视机、录音机等电器开始流行起来，玻璃茶几、席梦思床、成套家具也开始受到欢迎，逐渐取代单品家具。

21 世纪初至今，乡村住房以楼房为主，用料与城市相差无几，多数村民能够盖起二层小楼。室内家具实现现代化组合，电视、冰箱、电热水器等一应俱全。

图 8-10　20 世纪 80 年代住房

图 8-11　20 世纪 90 年代住房

（4）交通的变迁

交通是城市与城市、城市与村落、村落与村落之间的重要联系纽带。

20 世纪五六十年代，乡村道路多数为黄土路和石子路，路面崎岖不平，晴天尘土飞扬，雨后泥泞不堪。村民的出行方式往往以步行或"驴车"为主，少数村民拥有自行车。城乡之间来往客车线路较少，城市与城市之间往往乘坐绿皮火车。

20 世纪七八十年代，由于农副业发展迅速，城乡之间交流加强，为了满足发展运输与村民访友出行的需求，公路修建增多，乡村主干道多半以沥青路为主，少部分主干道及支路依然以石子路、黄土路为主。村中自行车开始普及，少数富裕村民拥有摩托车，远程出行方式依然以长途客车、火车为主。

20 世纪 90 年代，村落主干道以柏油路为主，城乡间公路网修建日趋完善。随着村民逐渐富裕起来，摩托车逐渐成为常见的短程交通工具，小轿车也开始在村中出现。

21 世纪初至今，城乡之间的高速公路网修建较完善，城乡差距日益缩小，电动车、小轿车已成为常用的出行方式。长途交通工具不再仅限于客车与火车，高铁与飞机因方便快捷也开始备受乡村居民的青睐。

## 2. 休闲娱乐的变化

丰富的精神文化生活有助于调节日常单调的劳动生活，能够提升乡村居民的幸福感，从精神层次上提高村民自主建设美丽乡村的积极性[15]。

戏曲是我国传统艺术的瑰宝。20 世纪 50—70 年代听戏是乡村居民的一大爱好。当时成立的农村剧团围绕党的政治运动和工农业生产，创作了一大批积极向上的戏曲作品。小型多样的戏曲形式不仅能够提高村民们的思想觉悟，更能鼓舞村民们劳动建设的干劲。同样，电影与广播的播放对于乡村群众来说陌生又新鲜，作为新闻或政治文化宣传方式又能活跃村民文化生活，受到广大群众的欢迎。在"文革"时期，戏曲与电影同被要求普及革命样板戏，导致这一期间的作品颇为单调。

20 世纪 80 年代，传统戏剧重新登上舞台。新的戏剧不仅仅包括传统历史戏，还包括现代化剧目。同时，电影的放映内容丰富起来，包括新闻科教、民间传说等题材，乡村电影放映队也逐渐增多，看电影成为最受乡村居民欢迎的娱乐方式。村中还建立了教育展览室、图书室和广播室等，用以开展和普及社会主义文化活动，丰富村民们的娱乐文化生活。

图 8-12  革命戏曲剧照

图 8-13  20 世纪 80 年代电影院

　　20 世纪 90 年代，由于乡村普遍开始通电，电视在乡村慢慢普及起来。电视的实时性和方便快捷很快受到乡村居民的喜爱，电影和广播慢慢被冷落。不仅是电影，传统的戏曲也逐渐遭到冷落，年轻人更加喜爱看电视，喜爱戏曲的往往都是老年人。起初的黑白电视只有几个频道，购买电视不仅需要购买券，价格更是昂贵。随着社会经济的发展，村民收入的提高，电视也逐渐普及起来，并且逐渐发展为彩电，并衍生出 VCD 等功能。此外，为满足村民们对科学知识的迫切需求及日益增长的文化娱乐需求，村中设有文化科技活动室，不仅能够组织电影放映和民艺表演，还兼有图书阅览等功能。

21 世纪初至今，彩电和 DVD 早已普及，而比电视更加方便获取信息的则是电脑。电脑网络不仅能够获取、筛选、储存信息，更能让人们跨越空间进行联系。除此之外，还有家庭影院、电子游戏等现代化休闲娱乐方式。文化科技室逐渐发展成为文化大院，其中配置了电脑、电视、投影仪、电子音响等设备，能够实现远程教育和信息共享，还添置了各类健身器材、体育用具以及供休息乘凉的桌椅。村民们白天在阅览室获取知识与信息，夜晚在户外跳广场舞，利用健身器材锻炼身体，文化大院俨然成为村民们休闲娱乐的乐园。

图 8 – 14　乡村文化大院

### 3. 信息交流的变化

在交通与通信较落后的 20 世纪 50—70 年代，广大乡村村民的信息交流往往止于自身生活的狭小范围之中。这种信息交换距离较小，想要得到远距离信息多依靠报纸、广播或写信等耗时长、更新慢的方式。

20 世纪 80 年代公路、铁路等交通网发展迅速，加上电力的推广，村民们逐渐能够使用电话进行联系，突破了地域的限制。

20 世纪 90 年代传呼机和家庭电话广泛使用，加上电视、VCD 的普及，远距离画面的转播、重播能够让村民们获取全国地区的信息。

21 世纪初至今，不仅电视、DVD 等转播方式早已普及，手机、电脑网络的出现更加加快了信息间的传递性和实时性，实现信息全球化，人们能够跨越国家进行交流。由于信息的作用日益增强，人们越来越多地依赖信息，信息传递已成为人们相互交往的关键环节[16]。

## 参考文献

[1] 刘春兰.新农村建设中乡土文化的价值开发与制度引导[J].理论界，2008(11)：136 – 137.

[2] 曹云，周冠辰.城镇化进程中乡土文化的保护困境与有效传承策略[J].现代城市研究，2013(6)：31 – 34.

[3] 卢渊，李颖，宋攀.乡土文化在"美丽乡村"建设中的保护与传承[J].西北农林科技大学学报，2016(3)：69 – 74.

[4] 姜彬，侯爱敏，包婷婷.苏州美丽乡村建设中的文化传承研究[D].苏州：苏州科技学院，2014.

[5] 张梦洁.美丽乡村建设中的文化保护与传承问题研究[D].福州：福建农林大学，2016.

[6] 王习明.当代中国农村基层治理体制的历史演变[A].中国政治学会 2009 年年会论文集[C].2009：398 – 408.

[7] 付翠莲.我国乡村治理模式的变迁、困境与内生权威嵌入的新乡贤治理[J].地方治理研究，2016：67 – 73.

[8] 朱余斌.建国以来乡村治理体制的演变与发展研究[D].上海：上海社会科学院，2017.

[9] 朱雄君，何治民.我国乡风文明建设的百年历程探寻[J].民族论坛，2011：24 – 26.

[10] 中共中央关于农业和农村工作若干重大问题的决定[N].人民日报，1998 – 10 – 14.

[11] 陈录琴.新中国成立后乡风文明建设思想与实践研究[D].成都：西华大学.2017.

[12] 闫官英.社会主义新农村乡风文明建设探析——以山东某乡镇农村为例[D].上海：华东师范大学，2008.

[13] 齐志家.谈中国服饰观念的现代转换[J].武汉科技学院学报，2004(6)：90 – 95.

[14] 张瑜.改革开放后中国服饰变迁分析——以《人民画报》(1978—2015)封面人物为例[D].武汉：武汉纺织大学，2016.

[15] 董传岭.建国 60 年华北农村社会生活变迁[D].天津：南开大学.2010.

[16] 黄伟.社会变迁视角下的农村居民生活方式研究——以济南市农村为例[D].长春：吉林农业大学，2011.

# 第九章 | 管理民主 美丽乡村之基层组织

## 一、乡村基层组织发展概述

乡村基层组织是我国社会主义民主法制建设和政治体制改革的一项重要内容，是村庄管理和建设的一个重要组成部分。它涉及村庄的各个方面，具体可分为民主选举、民主决策、民主管理、民主监督及村务和政务公开，即"四个民主、两个公开"。乡村基层组织实践，关键在农村、基础在农村、难点也在农村[1]。

### 1. 乡村基层组织综述

（1）构成

乡村基层组织，有时简称村级组织，主要包括基层政权、基层党组织和其他组织三个方面，主要由村党组织、村民委员会、村团支部、村妇代会、村民兵连及"两新"组织（"新的经济组织"和"新的社会组织"）等构成。

（2）功能

1）民主选举：通俗地说，民主选举就是通过村民的集体民主参与，真正把群众拥护的，思想好、作风正、有文化、有本领、真心实意为群众办事的人选进村领导班子的过程。

2）民主决策：制定适合村庄发展的方案，确定村庄发展的结构、空间布局、建筑轮廓、景观节点、人居环境等多方面内容。根据所选定的目标确定村庄的规模、目标、方向。

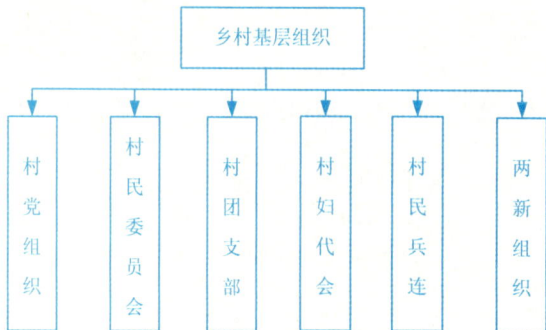

图 9-1　乡村基层组织的构成

3) 民主管理：通过制定村民自治章程，建章立制进行规范化管理（包括民主选举的制度化）的过程。将村庄未来发展的具体安排和决策内容进一步落实，统筹村庄发展的各项指标，为打造"产业兴旺、生态宜居、乡风文明、治理有效、生活富裕"的美丽乡村奠定基础。

4) 民主监督：通过政府的法律、地方性法规对村庄进行合理的规划布局。组织协调各部门之间的关系，使村庄协调、稳定发展。

5) 村务公开：村务公开（包括村政务公开、村事务公开、村财务公开）是指在村民委员会管理的辖区内，村民委员会把处理涉及国家、集体和村民群众利益的公共事务和公共事业的基本情况，通过一定形式和程序，以公开的方式告知全体村民，并由村民参与管理，实施监督的一种民主形式。

## 2. 乡村基层组织建设原则

乡村基层组织建设过程中要遵循法治化、现代化以及服务化的原则。

### （1）法治化

乡村基层组织法制化是维护农村和谐稳定发展的有力保障。法治作为维持社会公平正义的最后一道防线，是最稳定、最有效的保障力量，解决各种影响乡村社会稳定的矛盾和问题，必须要用法治手段[2]。党的十九大报告提出"党委领导、政府负责、社会协同、公众参与、法治保障"的乡村社会治理体制、"法治、德治、自治"相结合的乡村治理体系、"共建、共治、共享"的乡村治理格局，绘制出乡村治理的蓝图，构筑了乡村治理的基石，为基层组织振兴美丽乡村指明了方向，奠定了基础[3]。

图9-2　乡村基层组织法治化

（2）现代化

乡村基层组织现代化是发挥农村基层组织核心作用的关键一步。以农村基层党组织为中心的乡村治理，必须树立系统治理、依法治理、综合治理和源头治理的现代化新理念，提高社会治理社会化、法治化、智能化、专业化水平。积极引导和鼓励发展现代化合作关系，尽快改善农村现代化治理体系；按照建立现代化乡村公共管理的要求，积极推进村庄行政治理体系的现代化。

图9-3　乡村基层组织现代化

（3）服务化

一是服务发展。乡村基层组织要牢固树立服从和服务于经济社会发展大局的思想，引导干部群众积极投身于改革事业，坚持变化变革、敢于担当，把推动科学发展、后发赶超、全面建成小康社会的目标任务落实到基层[3]。

二是服务民生。要坚持把保障和改善民生作为首要任务，全面落实党的惠民利民政策，努力使人民群众享受到改革发展的成果，让人民群众生活得更加幸福、更加美好、更有尊严。

三是服务群众。要坚持全心全意为人民服务的根本宗旨，贯彻党的群众路线，宣传好群众，教育好群众，倾听群众意见，维护群众利益，真心实意地为群众排忧解难，运用民主协商、说服教育和示范引导等方法做好群众工作，实现好、维护好、发展好群众的根本利益，不断赢得群众的持久信任和支持。

图 9-4  乡村基层组织服务化

### 3. 乡村基层组织建设标准

（1）提升基层党组织领导力，引领乡村振兴新航向。通过发挥基层党组织在精准扶贫、精准脱贫中的政治优势和组织优势，打赢脱贫攻坚战，为乡村振兴筑牢基础[4]。

（2）提升基层党组织凝聚力，激发乡村振兴内在动力。通过落实基层党组织教育党员、管理党员、监督党员和组织群众、宣传群众、凝聚群众、服务群众的职责，不断激发广大群众建设美丽家园的内在动力。

（3）提升基层党组织推动力，统筹乡村振兴人才队伍。实施乡村振兴战略，离不开各类人才的作用。要加强农村实用技术人才、经营人才、管理人才培养力度，培养造就一支懂农业、爱农村、爱农民的"三农"工作队伍。提升基层组织治理能力，打造新时代新农村。

（4）积极探索乡村治理新模式，加快完善"一核两委一会"（"一核"即以党支部领导为核心；"两委"即村委会和村务监督委员会；"一会"即村务协商会）乡村治理体系[5]。带动广大群众树立文明新风，提高文明程度。

图9-5　基层组织换届选举

图9-6　认真学习党的十九大精神

## 二、坚强有力的组织建设

乡村基层管理中要大力加强农村基层党组织建设，不断提高基层党组织的战斗力、凝聚力、吸引力；提高农村基层党组织领导经济建设的能力；树立良好的形象，赢得民心，"村看村、户看户，群众看的是干部"；强化管理监督，建立一套好的管理体制，强力推行政务、财务、村务公开，接受群众监督[5]。

### 1. 提高农村基层党组织领导经济建设的能力

（1）根据各村发展现状，按照"一村一策，一村多策"的原则，组织和引导农民发展生产，搞活经济，改变村容村貌，加强产业的发展，提升经济建设能力。

（2）坚持"更直接、全覆盖、常态性、制度化"原则，积极搭建服务群众的平台，实现联系群众常态化。

（3）以开展精准扶贫为契机，坚持把发展农村经济和推动群众致富作为加强农村基层组织建设的重要措施：一是拓宽增收渠道，依托精准扶贫，发挥农业龙头企业、农民专业合作社等组织的带动作用，拓宽群众增产增收的渠道，挖掘农村经济新的增长点，实现群众致富；二是强化合作社党建，例如可在蔗糖、蚕桑、蔬菜、花卉、水果等农业支柱产业上组建农民专业服务团队。

### 2. 树立良好的基层党组织形象

加强基层组织建设，必须走向群众，引导和发动群众，从带队伍做起，做到村民自治法制化、民主监督程序化，只有这样才能赢得民心。村务要公开细致，对民众感兴趣的问题一定要讲清楚，财务管理和监督由村民负责；建立议事机构，村内出现的事情由村民议会机构讨论决定，征求群众意见，实行民主决策。

### 3. 强化农村基层工作的管理监督

加强农村基层组织的管理监督机制，是抓好农村基层党建的必要条件。要建立一套好的管理体制，强力推行政务、财务、村务公开接受群众监督，提高农村基层工作的透明度；要强化村务监督委员会监督，构建群众监督、村监会监督、上级部门监督有机统一的三级监督体系[6]。

## 三、卓有成效的组织实践

◆ 农村基层党建怎么做？

2013 年中央一号文件提出"建设美丽乡村"的要求之后，全国各地开展了美丽乡村建设活动。美丽乡村建设过程中，农村基层党建工作是村美民富目标实现的保障。农村基层党建工作应围绕美丽乡村建设的目标，党建工作应当以民生为出发点和落脚点，发挥农村基层党组织在美丽乡村建设中的引领作用，搭建农村基层党员在美丽乡村建设中履行职责的平台，促进农村基层党建工作与经济文化以及乡村治理协同发展。

### 1. 安吉县美丽乡村基层组织

（1）基本情况

安吉县隶属浙江省湖州市，与浙江省的长兴县、杭州市和安徽省的宁国市、广德县为邻。安吉县农业资源丰富，拥有竹笋、白茶、高山蔬菜等一大批名优、新、特、农产品，农业产业化经营呈现良好的发展态势。2008 年，安吉县在全国首先提出建设美丽乡村，是浙江省首批旅游经济综合改革试点示范县、长三角首选乡村休闲旅游目的地，被评为中国最佳生态旅游县。作为中国美丽乡村的发源地，安吉县目前创建的美丽乡村覆盖率达到 95.7%，在打造美丽乡村、全面改善农村民生的同时，通过基层组织带动，探索形成了美丽乡村的"安吉模式"[7]。

（2）基层组织建设

在基层组织管理过程中，抓基层培训，促进标准走村入户，形成安吉模式。组织全县各个行政村（社区）负责人参加美丽乡村标准化培训，采取现场演示、现场答疑等方式，结合有奖问答和网络知识竞赛，进一步加深基层实施人员对美丽乡村标准化知识的掌握度；抓宣传造势，营造标准化建设氛围，通过报刊、电视等媒体以及城市大屏幕、各村（社区）电子屏幕、宣传栏等平台进行广泛的美丽乡村标准化宣传，提升美丽乡村标准化建设的知晓率，使其深入人心；严格监管，注重管理以提升建设水平，邀请浙江省标准化研究院的专家对中国美丽乡村国家

图 9-7  安吉美丽乡村

标准化示范区创建工作领导小组成员单位及全县各乡镇（街道）负责人进行专项培训。

在基层组织标准体系建设过程中，首先实现了基础设施一体化，全县90%行政村建立标准化劳动保障平台，拥有农民广场、乡村舞台、篮球场、健身路径等标准化村民休闲公园；新建成186个农村社区文化活动中心；新建村级其他各类公共配套设施建筑面积29.5万平方米；实施农村饮用水工程建设6134处；新增垃圾中转设施815处；新增垃圾箱14206只；新建公厕340所。

## 2. 永嘉县美丽乡村基层组织

（1）基本情况

永嘉县隶属浙江省温州市，位于浙江省东南部，瓯江下游北岸，东邻乐清、黄岩，西连青田、缙云，北接仙居，南与温州市区隔江相望。2018年，永嘉县获评浙江省美丽乡村示范县，成为温州地区唯一获此殊荣的县市区。目前，永嘉县已形成了以"环境综合整治、村落保护利用、生态旅游开发、城乡统筹改革"为主要内容开展美丽乡村建设的"永嘉模式"[8]。

（2）基层组织建设

永嘉县美丽乡村基层组织建设的主要特点是通过人文资源开发，促进城乡要素自由流动，实现城乡资源、人口和土地的最优化配置和利用。建立县四套班子

图9-8　永嘉美丽乡村

（党委、人大、政协和政府）领导"九联系"制度，实行一周一督查、半月一早餐会、一月一排名、一季一追责制度，及时了解和帮助解决问题。同时，通过蹲点调研、走村入户、走出去请进来等方式，广泛开展宣传引导，充分调动广大群众的积极性和主动性，有效形成了美丽乡村建设的强大合力。通过基层组织的建设，近年来许多在外企业家和社会能人纷纷捐资助力家乡美丽乡村建设，一些村民和企业家主动当起了"河长""路长"，有力助推了美丽乡村建设。在乡村基层组织工作带动下，开展了若干重点工作：

一是以"千万工程"为抓手，进行环境综合整治。全县通过推进垃圾处理、污水处理、卫生改厕、村道硬化、村庄绿化等基础设施建设，大力实施立面改造、广告牌治理、田园风光打造、高速路口景观提升等重点工程，着力改善农村人居环境[8]。

二是以古村落保护利用为重点，优化乡村空间布局。对境内200多个历史文化、自然生态、民俗风情村落进行梳理、保护和利用。对分散农村居民进行农房集聚、新社区建设，推进中心村培育建设，从而实现乡村空间的优化布局。

三是以生态旅游开发为主线，推进农村产业发展。积极挖掘本地人文自然资源，精心打造美丽乡村生态旅游；大力发展现代农业和养生保健产业，加快农村产业发展。

　　四是以城乡统筹改革为途径，促进城乡一体发展。通过"三分三改"（即政经分开、资地分开、户产分开和股改、地改、户改），积极推进农村产权制度改革，着力破除城乡二元结构，加快推进新型城镇化建设以及农村公共服务体系建设，促进城乡一体化发展，让农民过上市民一样的生活。

## 参考文献

［1］安国辉.村庄规划教程［M］.北京：科学出版社，2015.

［2］余金华.农村基层治理法治化.［EB/OL］.http：//www.360doc.com/content/15/1015/21/1078208_505918943.shtml.［2015－10－15］.

［3］蔡文成.基层党组织与乡村治理现代化：基于乡村振兴战略的分析［EB/OL］.http：//www.qstheory.cn/llqikan/2018－05/16/c_1122841451.htm.［2018－5－16］.

［4］张世忠.农村基层组织建设现状及对策［J］.山西农经，2015(2)：56－60.

［5］新形势下如何加强农村基层党组织建设［EB/OL］.http：//www.zggww.com.cn/Article/ShowArticle.asp？ArticleID＝171300.［2015－1－7］.

［6］搜狐新闻.要不断强化村级权力运行监督［EB/OL］.http：//www.sohu.com/a/257080442_99890391.［2018－9－30］.

［7］乡镇论坛.美丽乡村的安吉模式［EB/OL］.http：//www.360doc.com/content/15/0127/12/79186_444153248.shtml.［2015－1－27］.

［8］吴理财，吴孔凡.美丽乡村建设四种模式及比较——基于安吉、永嘉、高淳、江宁四地的调查［J］.华中农业大学学报(社会科学版)，2014(1)：34－3.

# 第十章 | 同心共筑 美丽乡村之规划建设

## 一、各有侧重的规划类型

### 1. 按规划主体划分

（1）政府主导型

所谓政府主导型美丽乡村规划，是指由中央政府或地方政府推动，通过政策、制度、规划以及项目等手段引导乡村规划发展的实践类型。在政府主导型美丽乡村规划中，政府是乡村建设实践的启动者和组织者。政府通过制定政策或者发起规划项目，调动人力物力，组织乡村居民与社会参与，积极推动美丽乡村规划建设，在乡村规划建设中起着主导性作用。比如，我国社会主义新农村的规划建设就是典型的政府主导型乡村规划，政府在社会主义新农村建设的发起、组织、运行以及资金投入等方面都起着主导性作用。

政府主导型美丽乡村规划的目标一般是为了实施国家发展计划，是国家或地方发展战略的重要组成部分，往往具有较强的计划性。通常，政府对乡村规划的方法、路线、内容以及工作机制等都做出统筹性的安排，并采取分步骤、分阶段以及示范创建等手段以达到美丽乡村规划建设的目标。

政府主导型美丽乡村规划是一种自上而下、行政推动的发展模式，是美丽乡村规划建设中最基础的一类实践，往往意味着乡村发展的重大制度变迁或政策创新。

案例：湖南省株洲市云龙示范区云田镇云田村

云田村位于湖南省株洲市云龙示范区的东北部，是省级社会主义新农村建设示范村，株洲市统筹城乡改革试点村。全村面积为 5.76 平方千米，共有 25 个居民小组、770 户、2803 人，年人均收入 26000 元，主导产业是花卉苗木种植和休闲度假。根据《长株潭城市群生态绿心地区总体规划（2010—2030 年）》，云田村所属云田镇定位为试验区的生态"绿心"，其示范地位尤为重要，是贯彻"两型"理念，打造新农村建设的典范，正努力成为新农村文明建设的一面旗帜。

云龙区政府也根据云田村的区位优势，将云田村的战略发展重点放在旅游开发上。新一版的云田村村庄整治规划及云田旅游度假区总体规划已于 2008 年编制完成，规划确定了云田村主要依托现有花木产业着力打造旅游休闲品牌的方针策略，整体规划布局主要为花木集中展示区、游览区、农林观光区、体育运动休闲区、垂钓休闲区及城市建设区。近年来，云田村基础设施建设不断完善，完成了大部分水泥路面改造，完成了大部分房屋的"穿衣戴帽"和环境整治，同时"百户休闲农庄"也已具雏形。在环境综合整治方面，云田村增加了许多绿化种植面积，多方面实施保洁制度，同时积极开展城乡同治，进行污染综合治理，规划建设了服务半径较大的农贸市场和停车坪，取消了脏乱差的马路市场，同时对临街门面的广告牌也进行了有秩序的统一更换，拆除了以前乱搭乱建的雨棚设施。云田村曾是株洲的一个满地泥泞、房屋破旧的贫困村庄，通过近几年的美丽乡村规划建设，现在村民富裕了，村容村貌更美了，村风民风也提高了，这里发生了翻天覆地的变化。

（2）乡村自发型

乡村自发型美丽乡村规划，是指依靠农民自身创造和乡村内自然发展的乡村规划建设实践类型。这类规划中的主导者往往是在村民中经济资源突出，政治地位、文化水平或社会地位较高的村民，他们有效组织利用各类资源，带领乡村规划建设发展。比较典型的是改革以来涌现的华西村、滕头村、刘庄以及三元朱村等"明星村"的乡村规划建设实践。

自发型美丽乡村规划的目标是为实现乡村的经济水平进步，即主要为改善乡村生产生活环境，追求农民共同富裕，提升村民生活水平，直接的受益群体是村民自身。自发型美丽乡村规划类型往往具有鲜明的地域特色，乡村建设的内容各不相同，是一种自下而上的自主创新规划模式。

案例：江苏省江阴市华士镇华西村

华西村坚持村委会与党委的统一领导，经济来源分为企业和农作，自2003年以后，华西村着力发展以旅游业为主的第三产业，慕名而来的游客每年都在16万人以上，新开发的旅游业为华西村带来了可观的收益。

图 10 - 1　华西村村貌

（3）政府主导村民参与型

不同于政府主导和自发规划型的权责相对单一，政府主导村民参与型美丽乡村规划充分调动了村民的积极性，由政府主导提出可供不同经济条件和不同类型村庄选择的村民参与模式，让村民参与到规划政策制定和决策中去，进而有效增强了乡村建设规划的合理性和科学性。

"政府主导、村民参与"组织体系中确立政府、村民、村委会、规划师和非政府组织是参与主体。其中政府不仅提供政策和部分资金支持，还是组织、主持整个规划过程的主导力量；村委会主要是配合协调政府的工作；非政府组织具有"规划培训""政策宣传"和"监督招投标"的任务；规划师除了在"分析问题"和"制作多方案"两个阶段是依据规划的专业思考方式和规划技巧完成，其他阶段都站在综合、协商、评判的角度处理问题和平衡利益；村民在整个规划过程中参与"前期调研""确立规划目标""选择方案""确定方案""论证"和"方案实施"六个阶段。

村民参与乡村规划的方式主要是规划的成果展示，即公示阶段，村民愿意以这种方式来对规划提出自己的意见，此种方式取决于村民能否理解和认识公示的内容，并作出自己的判断。调查显示，村民最愿意通过"村民座谈会参与讨论"的形式参与规划，这种方式得到了半数以上村民的认可，是村民参与规划的最可行的方式；其次为"填写意见簿"和"规划人员个人访谈"的方式。

案例：江苏省常熟市朱家桥村

朱家桥村位于常熟市的西南辛庄镇内，行政村总面积 6 平方千米，距离常熟市区 15 千米，距离乡镇政府 6.8 千米，距离乡镇最远的行政村 7.5 千米。朱家桥村村域内地势由西北向东南微倾，大部属平原地区，土壤肥沃，适宜农业发展，现被评为农业科技示范区。

朱家桥村的农民住宅以农村传统的独立式住宅为主，户均建筑面积 240 平方米，户均宅基地面积在 200 平方米左右，多数为带院落的楼房。按照建立农业科技示范村的规划，村内所有农户将整体搬迁进镇上的农民住宅小区，原有房屋全部拆迁。村内拟按货币补偿和产权置换的方式开展工作。2007 年以来，朱家桥村立足强村富民工程，围绕"一村一品""几村一品"战略，提出以高效农业创示范基地的总体目标，列入苏州市常熟现代农业（水稻）示范基地，两年先后投资 600 多万元搞基础设施建设。成功引进优良品种建成 70 多亩优质高效的绿源硒康葡萄种植园，成为全市第一家工商注册登记的专业合作社。

朱家桥村在政府的大力支援下，全村的主要道路基本实行硬化；实现有线电视"户户通"工程 157 户，自来水入户达 95%，户厕配套达 88%。农村环境实行长效管理，成功创建了省级卫生村。农民的养老保险覆盖率达 84%，老年农民的享受率达 89.7%，合作医疗大病风险保障达 100%，农民老有所养、病有所医得到保障。

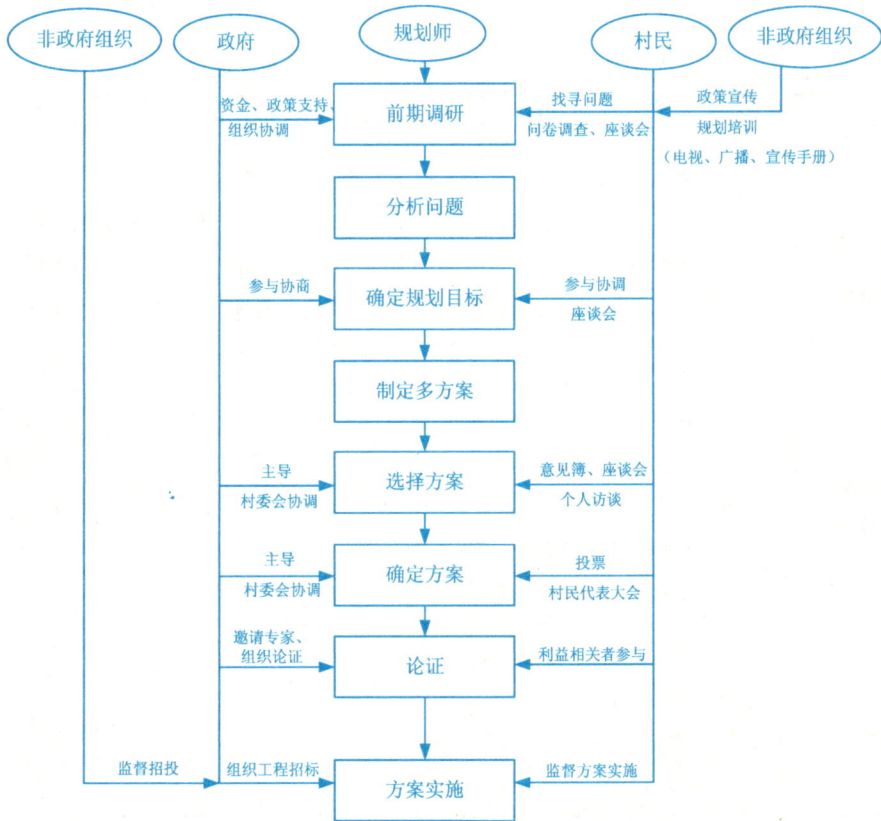

图 10 - 2　"政府主导村民参与型"乡村规划

## 2. 按规划层级分类

现有城乡规划体系中涉及乡村的规划只有"村庄规划"。国内学者提出乡村规划按层级可分为"三层次、三类型"，即县、镇域片区、村域（行政村）和村庄（自然村）三个层次，基本对应"乡村总体规划""村庄规划""村庄建设规划"三种规划类型。其中，乡村总体规划属于县、镇域片区规划层次，主要包括规划区内城乡建设控制和乡村地区发展引导等内容；村庄规划属于村域（行政村）层次，主要包括规划区内村庄建设用地控制、村域用地布局、村庄布点、村域产业发展引导、村域基础设施与公共设施等内容；村庄建设规划属于村庄（自然村）层次，主要包括村庄建设用地边界、村庄平面布局、村庄详细设施、基础设施与公共设施布局等内容。

表 10 - 1　"三层次、三类型"的乡村规划体系

| 层次 | 类型 | 主要内容及规划深度 | 对应的名称 |
|---|---|---|---|
| 县、镇域片区 | 乡村总体规划 | 规划区内城乡建设控制：划定生态保护边界、村庄布点(布点的数量、位置，不定边界)<br>乡村地区发展引导：分区域确定乡村产业发展、重点区域层次基础设施与乡村公共设施配置标准与体系、跨村域的基础设施和公共设施 | 乡村建设规划<br>镇村布局规划<br>村庄布点规划 |
| 村域（行政村） | 村庄规划 | 规划区内村庄建设用地控制<br>村域用地布局<br>村庄布点：划定村庄建设用地边界<br>村域产业发展引导：村庄产业发展<br>村域基础设施与公共设施 | 村庄规划 |
| 村庄（自然村） | 村庄建设规划 | 村庄建设用地边界<br>村庄平面布局<br>村庄详细设施<br>基础设施与公共设施布局 | 村庄建设规划<br>村庄环境整治规划<br>社区详细规划设计 |

## 二、心驰神往的规划目标

### 1. 战略目标

实现中国农业现代化，建成建好美丽乡村，不仅是建设好美丽中国的重要基础，更是实现国家经济快速增长的重要途径。

按照党的十九大提出的决胜全面建成小康社会、分两个阶段实现第二个百年奋斗目标的战略安排，乡村振兴的战略目标是到 2020 年，乡村振兴取得重要进展，制度框架和政策体系基本形成；到 2035 年，乡村振兴取得决定性进展，农业农村现代化基本实现；到 2050 年，乡村全面振兴，农业强、农村美、农民富全面实现。

## 2. 创建目标

根据农业部下发的《农业部"美丽乡村"创建目标体系》所解释的：按照生产、生活、生态和谐发展的要求，坚持"科学规划、目标引导、试点先行、注重实效"的原则，以政策、人才、科技、组织为支撑，以发展农业生产、改善人居环境、传承生态文化、培育文明新风为途径，构建与资源环境相协调的农村生产生活方式，打造"生态宜居、生产高效、生活美好、人文和谐"的示范典型，形成各具特色的"美丽乡村"发展模式，进一步丰富和提升新农村建设内涵，全面推进现代农业发展、生态文明建设和农村社会管理。

图 10 - 3　美丽乡村建设目标

## 3. 经济目标

以乡村经济现状为基础，以周边村镇为依托，以当地村镇企业与特色产业为抓手，大力推动农业现代化与乡村旅游业的发展。解放和发展乡村生产力，最终建设成环境优美、生活富裕的美丽乡村。

## 4. 社会目标

完善乡村社会福利保障体系，使城市公共服务网络从城镇向乡村延伸，尽可能地缩小城乡公共服务水平差异，构建和谐乡村、幸福乡村。

### 5. 生态目标

贯彻生态文明的新理念，修复和维护乡村生态环境，丰富当地的自然生态系统，充分利用乡村废弃用地和荒地打造自然景观，促进人与自然的和谐相处，做到经济发展与环境保护相协调，建设绿色乡村。

### 6. 文化目标

在浩瀚的历史长河中，中华五千年灿烂而又辉煌的农耕文明孕育了"耕读传家，诗书继世"的文化传统和"乡土中国"的儒家伦理。在美丽乡村的规划建设中，应着重保护乡村的乡土风貌和泥土芬芳，坚守乡村的土地情怀。要将乡村建设得更像乡村，保留乡村独特的生态宜居环境。真正做到在乡村中"看得见山水，记得住乡愁"。

## 三、符合实际的规划原则

### 1. 规划先行原则

要搞好美丽乡村的建设，科学规划是顶层构架。乡村规划决定美丽乡村的建设方向，是实施美丽乡村建设的蓝图与大纲。

规划先行原则意味着不仅要做好近期规划，更要与中远期规划相结合，真正做到弹性规划，适度规划，以适应乡村在不同时期的建设和发展需要。

规划先行，意味着在遵循美丽乡村规划主要编制依据的基础上，不仅要做好乡村建筑布局，更要考虑乡村的发展定位、产业发展以及文化发展等方方面面。规划应当更注重延续性，结合上位规划要点与村庄当地的实际情况，科学规划，以彰显乡村的特色化与个性化。

### 2. 城乡统筹原则

建设美丽乡村，还要贯彻城乡统筹原则，合理高效地推进城市文明向乡村蔓延，使乡村和城市之间最高限度地做到资源、信息、文化、人口的统筹发展，进而营造各具特色的城镇与乡村发展格局，做到城乡协调，良性发展。

图 10 - 4　美丽乡村规划主要编制依据

　　美丽乡村建设的根本目标是实现乡村农业现代化、高效化和振兴乡村产业。如何才能实现这一根本目标呢？最好的办法就是统筹城乡发展，将城市与乡村当成一个整体来看待，统筹兼顾、相互融合。

### 3. 部门协作原则

　　美丽乡村的规划建设是一项庞大且复杂的工程，它涉及规划建设、国土资源管理、能源、交通、卫生、教育、市政、消防、通信、金融等多个方面。同时，由于美丽乡村的规划建设是一项长期且严谨的社会实践活动，还涉及后期的监督管理与运营机制。因此，美丽乡村的规划建设是一项需要多部门协调统一、综合实施的过程。

　　村民是乡村的主人，也是美丽乡村的直接受益者。在美丽乡村的规划建设过程中，应积极引导村民的参与意识与主人翁意识，让广大村民参与到乡村规划与建设中来，并且将村民们的一些可行性意见融入规划设计中，加强提高村民们的监督管理意识，真真切切地让村民们感受到美丽乡村的建设就是在为村民们谋福祉，为村民们办实事。从总体上看，广大乡村居民、各职能部门、各级领导单位与相关单位协调统一、共同建设是美丽乡村规划建设的科学性、优良性的前提[1]。

◆ **服务乡村振兴与美丽乡村建设：规划设计与研究机构的责任与光荣使命**

　　浙江省美丽乡村建设与发展研究中心：中心以"践行乡村振兴战略，传播美丽乡村浙江样本经验"为宗旨，充分整合政府、高校、企业等各方资源，为各级政府提供美丽乡村建设发展战略顾问咨询服务，搭建乡村振兴和美丽乡村综合集成开放平台，建设美丽乡村综合智库。

中国乡村振兴战略研究院联盟：联盟由中国农业大学、四川农业大学、南开大学、安徽大学等全国 8 所高校，湖南省农业科学院、四川文化创意产业研究院等 22 家研究院，企业和创意农业联合社以及行业组织共同发起成立，旨在通过对乡村振兴产业共性核心基础技术的研究及自主创新，形成具有自主知识产权的产业标准、专利技术和专有技术，带动重大应用示范，实现从"跟随"到"引领"的转变，推动乡村振兴产业的建设和发展。

长三角乡村振兴研究院：研究院由江苏、上海、浙江、安徽三省一市农科院联合组建而成，旨在整合长三角地区农业优质创新资源，围绕三省一市乡村振兴发展中存在的共性政策和技术问题协同攻关，开展智库建设、关键技术突破、乡村振兴规划、典型模式集成、技术支撑服务以及"一懂两爱"三农人才培训等方面的研究，打造全国乡村振兴引领示范区。

湖南工业大学美丽乡村建设与发展研究中心：研究中心重点依托湖南工业大学城乡规划学、建筑学、设计学、环境科学等学科团队和高校学科、人才优势，坚持立足湖南，面向中部，辐射全国，努力将研究中心建设成为支撑美丽乡村规划设计的权威机构，服务乡村振兴与"三农"建设发展的新型智库，培养美丽乡村建设发展高层次人才的重要平台，研究乡村振兴与美丽乡村规划建设的理论高地。

## 4. 因地制宜原则

我国不同地区的乡村的经济水平和建设现状差异性较大。不仅如此，有些地处同一县镇的乡村也有着较大的差异。因此，美丽乡村的规划设计要立足于乡村的实际情况，深入规划设计区域进行调查研究，认真仔细地记录并分析当地资源禀赋情况，依据经济、产业不同的发展水平做出合乎实际的规划文本。在规划设计的过程中，要充分利用当地的自然优势，生态资源，因势利导，因村制宜。

在村镇一级的规划层次上，需根据当地的经济、文化、产业的发展水平与客观条件，科学系统地编制规划方案；不同区域，不同条件的乡村则制定不同的规划建设标准，例如资源禀赋充足、产业发展水平较高的区域就可以设置相对高起点的、较为完善的规划建设方案。尤其值得注意的是，规划设计不可以一味地套用已有的规划方案，不可以与实际情况脱节，要实事求是地设计符合当地的建设项目。

在产业发展模式上，广大乡村要别出心裁，走出自己的风格和自己的优势。依据当地的生态资源优势和特色产业优势合理地制定差异化的发展模式，从而适应不同生态环境、不同经济水平下的建设需要。

另外，土地利用规划也是美丽乡村规划建设中重要的一环，科学合理的土地利用规划对美丽乡村的建设起到决定性的影响。土地利用规划应以保护耕地为前提，充分发挥土地资源的空间作用，走集约节约的建设道路。其中，土地的整体利用需要服从乡镇一级的总体规划，单项用地的规划建设要服从乡村的总体规划，不可以超过规划建设规模和改变土地的使用性质。本着节约的原则，也要防止乡村大拆大建的现象发生，需要整改的建筑，则提倡在现有的建设基础上进行改建拆建，尽量避免出现占用耕地和林地的行为，即从因地制宜的角度考虑，美丽乡村的规划建设应与当地的土地整合、资源现状、村庄治理相结合，在实现土地集约节约和耕地占补平衡的基础上，彰显自己独特的魅力。

## 5. 适度超前原则

适度超前，主要指乡村的基础设施与公共服务设施建设以及具有制定一定超前性的规划本身而言。

农村基础设施是为农村各项事业的发展及农民生活的改善提供公共产品和公共服务的各种设施的总称，作为农村公共产品的重要组成部分，它涉及农村的经济、社会、文化等方面[2]。建立健全农村基础服务设施与公共服务设施，不仅可以改善乡村的人居环境，提升乡村居民的幸福生活指数，更是美丽乡村建设的前提与基础。公共服务设施的建设标准，应结合当地的经济水平，按照城乡等质化、适度超前原则进行建设，并且结合地区经济发展需求，合理布局公共服务设施、基础设施以及公共安全设施等。

值得强调的是，规划不仅仅是现阶段的规划，更要从未来的美丽乡村发展目标出发，适度超前。另外，美丽乡村的规划建设要处理好远近期建设的关系，以便使美丽乡村的建设速度与当地的经济水平与人文水平相适应，不会因为规划建设工程过于复杂或者简单而造成规划设计无法落实、规划项目难以覆盖全村以及建设计划与乡村实际建设进度脱节等问题[3]。

### 6. 生态发展原则

美丽乡村的规划设计要尊重自然规律，注重生态环境的保护。在美丽乡村的建设过程中，要把乡村建设与生态环境的修复与保护紧密结合起来，要有高度的生态保护意识与责任感，要以可持续发展、绿色发展为准则，坚持人与自然和谐共处，充分展现乡村的生态环境特色，彰显美丽乡村的生态人居之美、生态环境之美、生态景观之美。

### 7. 有序传承原则

历史文化资源是我们祖先给我们留下的一笔珍贵的财富，是我国古代劳动人民思想与智慧的结晶。我国乡村大多地处偏远，交通不便，因此也就成了历史文物绝佳的"贮藏地"。时至今日，很多乡村还保留着我国明清时代乃至更为久远的历史文物和建筑，一些地方特有的文化风俗和传统诸如民俗风情、神话传说、名人轶事、村规民约、传统技艺等也代代流传下来，这些都是祖先遗留下来的文化精髓，需要我们发掘和保护，一代代地传承下去。也正是因为如此，美丽乡村的规划建设必须要保护好乡村的水文条件和地形地貌，保护和传承好乡村的各类文化遗产和历史文化建筑；在规划设计过程中，乡村的传统特色不能丢，文化氛围与文化传承不能丢；要着重考虑现代化农业发展对乡村历史文化传统的影响；注重人居环境的改善与新建建筑造型对传统建筑造型的冲击；要保护村庄特色风貌，打造特色品牌，防止规划建设过程中对传统文化造成建设性破坏，注重传统文化与传统风俗的有序传承。

## 四、特色鲜明的规划要求

### 1. 规划要求

要求1：美丽乡村的规划（主要指总体规划，下同）应体现出"创业增收生活美、科学规划布局美、村容整洁环境美、乡风文明和谐美"等"四美"主题。

要求2：美丽乡村的总体规划应建立"生态人居格局、生态自然格局、生态产业格局、生态文化格局"等四大体系。

要求3：美丽乡村的总体规划应完成"产业可持续发展、人与自然和谐共处、村民幸福指数最大化、风俗特色品牌化"等四大任务。

### 2. 注意要点

(1)突出中心乡镇，形成县城、中心镇、一般镇、中心村、自然村等层次合理、秩序清晰的村镇等级。

(2)规划应注意既要做到全面推进又要做到重点突出，既要均等化又要实现差异化。

(3)突出以人为本，强化主体作用，积极引导乡村居民以及社会各界人士参与到美丽乡村的建设中来。

(4)美丽乡村的规划应该以提高村民经济收入为前提，尊重他们的知情权、参与权、决策权与监督权。

(5)突出生态优先的原则，推进生态产业、绿色产业的改造发展，遵循绿色、可持续发展原则，建设生态友好型家园。

(6)规划建设时应注意尽量不破坏自然环境、自然水系、村庄机理以及传统风貌，可在修复与维护的基础上进行小范围的改造升级。

(7)规划建设应注意分期进行。按照村民的需求程度和建设的难易程度分步分段实施，做到远近结合。

## 五、相对规范的规划程序

美丽乡村规划的编制应该涵盖总体规划—专项规划—详细规划三个层次的内容，并遵循一定的规划思路和程序。

### 1. 总体规划

美丽乡村规划是一项针对乡村地区各项建设开展的一项综合性规划，其主要的规划原则是针对当地情况，将居民点等建设相对集中，将其他用地集中布置等。美丽乡村规划要结合农业产业的布局，要有利于农业生产、农民生活，合理安排设施布局。另外，美丽乡村规划要按照乡村地区实际情况，体现地方特色等乡村特有风貌。最主要的是，美丽乡村规划要体现村民意愿。

规划思路：总体规划重在把握乡村的战略发展方向，需要在宏观层面对应乡村发展问题，基于规划拟解决的核心问题明确乡村发展条件和发展目标。具体内容有：

(1)确定发展条件和发展目标。通过有针对性的现状调查，全面梳理乡村外部发展环境与机遇、自身发展基础与优势、发展困难与存在问题，并在此基础上制定科学的发展目标。

(2)测算发展规模。依据城镇化水平与发展路径和建设指标体系，确定乡村人口规模与用地规模。

(3)安排空间布局。制定乡村生态环境保育和历史文化保护规划、划定建设管制分区。

(4)制定村镇体系规划。对接上位规划，包括重点地区与重点城镇、村庄分类、美丽乡村集群，明确上位规划对乡村地区的影响。

(5)制定产业发展规划。制定目标导向的产业发展战略，包括农业发展、旅游业发展及经营模式建议，构建可持续发展的美丽乡村产业体系。

(6)制定用地布局规划。主要包括村庄建设用地总体布局、新增住宅、新增经济留用地、新增公服设施用地。

(7)制定道路交通规划。主要包括主要村道与骨架路网的衔接，确定村庄主要道路与高快速路、主干路的衔接技术要求以及村庄不同等级道路的控制要求和建设技术标准。

(8)制定设施统筹规划。主要包括公共服务设施规划、基础服务设施规划。

(9)制定乡村风貌整治规划。包括乡村对村庄民宅的风貌指引，规划对临水边、临山地传统村落居民点进行风貌导控；道路界面风貌整治，如村庄商业街、村道、村主要巷道界面的风貌导控；公共活动空间风貌整治，主要包括村入口、祠堂、村民广场、村心公园的风貌导控；标识系统风貌整治等内容。

此外，还有一种总体规划思路可供参考，即构建整个乡村的产业联动体系进行相关空间部署，以确保各功能组团、产业链条的项目建设能够在下个层级规划中有序展开。

首先，从现状分析入手全面梳理乡村资源，挖掘资源之间的关联性，整理民俗、山水、田园风光等各类资源的组合形态，并对各类资源进行评估。其次，在资源整合的基础上明确乡村发展的主题定位。再次，围绕这一主题定位进行乡村产业规划并进行空间布局规划。最后，进行合理的功能分区后进行基础设施、服务设施布局规划以及乡村景观规划。涉及的主要程序包括：

（1）基础分析。包括对乡村现状发展的分析、资源评估整合以及上位规划的理解。

（2）发展定位。根据地理区位、资源禀赋、主导产业等对乡村发展定位，如湖南省株洲市云田村以花卉产业为主，又处于近郊区，则可以打造花文化和都市农业休闲文化特色，规划确定"田园花海，和谐城乡"的形象定位。

（3）产业功能。产业功能是乡村群落发展的重点。规划应首先在立足乡村资源价值基础上构建适宜于村庄的多产业联动体系，明确主导产业及围绕关联的一系列次生产业体系，并在此基础上谋划产业布局，落实重点项目，最终达到产业与项目的联动发展；其次，明确整体产业体系结构，突出优势产业和重点产业；然后，确定产业组团，实现产业关联发展，发展旅游业的乡村则要形成特色鲜明内容丰富，配套完善的旅游服务体系；最后，细化生产用地布局，实现组团内部产业空间联动，进一步对各功能分区进行功能组团布局。

（4）空间布局。总体规划空间布局围绕乡村产业体系进行空间上的结构布局、土地利用与容量规模的部署。

（5）支撑体系规划。主要对乡村群落发展形成支撑的相关联综合交通、配套服务设施和市政工程设施规划。

（6）景观塑造。对乡村建设和项目中的景观要素进行整体规划与设计，使乡村景观格局与乡村整体形象定位相互统一。

## 2. 专项规划

专项规划是偏发展战略指导的规划，可按照我国美丽乡村规划的内容对应美丽乡村产业发展规划、美丽乡村居民点布局与节地控制规划、美丽乡村景观规划、美丽乡村基础设施与公共服务设施规划、美丽乡村环境规划、美丽乡村旅游规划等专项内容。

如美丽乡村旅游规划可重点结合乡村的资源和主导产业设计产业发展战略。旅游专项规划通过全面调查乡村规划范围内的自然资源和人文资源，挖掘各类旅游资源的优势，结合总体层面的规划要求，在详细研究总结乡村的区位、市场等各方面条件的基础上，提出乡村整体的旅游发展主题定位、规模容量测算、空间功能结构、旅游产品策划、旅游线路组织、旅游宣传推广策划、项目开发管理模式与投资效益分析等相关内容，作为总体层面规划的重要支撑。

### 3. 详细规划

详细规划是直接与乡村要建设的具体开发项目对接的修建性详细规划，是美丽乡村规划落实的阶段。主要是对美丽乡村规划项目库中试点项目、节点项目进行详细规划，以提升产业品质为目的，通过政府牵头引导市场资本的投资与建设。涉及的主要程序和内容包括：

（1）项目概括与背景解析。介绍项目区位，周边自然环境、交通环境，对项目基地现状进行分析，提出乡村项目建设规划重点与内容。

（2）总体构思与目标定位。通过现状资源的分析，构思合理的资源开发模式，进行项目定位。

（3）项目策划与空间布局。对项目进行功能分区，并对各分区进行详细规划设计，对相关用地进行土地利用与土地调整规划，制定土地利用规划平衡表。

（4）建设项目库。提出乡村项目投资开发的具体模式，基于开发模式提出项目各个时期的建设内容与建设主体，并做出项目预算，以确保项目有序实施。

（5）投资预算。对项目的经营规模进行预测，预算前期投资和运营成本，进行成本效益分析。

从总体上看，美丽乡村规划就是基于不同规划层次的乡村群产业发展、用地开发、基础设施体系框架，提出总体规划层面、建设导控层面和修建性详细规划层面的规划侧重点，形成"功能分区划定—规模预测—空间布局—规划管理"的整体规划思路。

## 六、统筹兼顾的规划内容

### 1. 空间布局

长期以来，我们对村庄的选址以及空间布局就非常重视，诸如风水方位、地形地貌、顺应自然等。秉承着这样一种选址理念，我国涌现了许多环境优美、布局科学的村落，并至今仍被人们津津乐道着。如安徽黟县的宏村，背山面水，不仅无山洪冲击之险，更可以藏水纳吉，挡背面山风，山水交融，自然之美一览无余；又如地处江苏的名镇周庄，四面环水，宛如静卧在水面上的睡莲。

图 10-5　宏村背山面水，紧靠耕地

图 10-6　周庄因水而建，依水而居

进入了 21 世纪，虽然广大乡村地区的生产、生活方式有了很大变化，但是村镇的空间布局以及村庄发展原则多数保留了下来并且沿用至今：第一，选址尽量靠近国道、省道等主要交通路线附近，以及车站、码头等水陆交通枢纽的附近。第二，建设过程中，不仅不可以破坏当地的生态系统以及自然环境，相反的要去有意识地保护，将自然风景纳入选址建设的范围内。第三，保留村内特色的自然或产业资源。例如，以农业为主的乡村，就不宜将农田割裂开来，应保留有相当规模的农田地块；以旅游为主的乡村，应当以特色的旅游资源或者历史文化资源为重点考量因素进行布局优化。

在建设用地的空间布局上，各类用地的空间布局要在遵循"集约节约"原则的基础上，秉着"科学合理、生活便利、生产安全、交通快捷、融入自然、彰显特色、保护文化、传承文明"的设计理念，收集和采纳村民合理的意见，建立健全基础设施和公共服务设施[4]。

在新建居民点的空间布局上，应结合居民点现状布局、基础设施分布情况、生态自然资源分布情况等进行规划布局，确保对现有社会资源和自然资源充分高效利用。

## 2. 产业发展

不同的乡村拥有着不同的地理区位条件和资源条件。也正是因为如此，每个乡村的产业发展水平和发展类型也不尽相同。但无论何种类型的产业，科技创新是促进产业升级，加快产业发展的核心力量。因此，在美丽乡村建设中要采用先进的科学技术，对传统产业技术进行升级换代，加大农业科研力度，把技术开发与产品推广相结合，加快实现农业现代化。同时，农业产业发展应以农产品加工企业或专业批发市场为龙头，以产品基地为依托，以产品创新研发与推广为推力，实行"生产—加工—销售"一体化经营。

伴随我国乡村经济不断发展，产业结构不断优化升级，乡村发展的研究方向已经从对单一的农业生产问题逐步转变为对乡村经济的多元化发展的思考。目前，我国大部分乡村工业才刚刚起步，布局还不够合理，运行机制还不够健全，服务业、旅游业等第三产业也还没有形成规模。因此，要促进乡村产业结构优化升级，就要进一步加大乡村企业的扶持力度，有计划、有步骤地合理布局各地的工业园区，并形成产业链条，逐步形成产业集聚效应。同时，要充分挖掘乡村的生态自然资源、历史文化资源、红色革命资源等旅游资源特色，大力发展乡村旅游，从而带动其他第三产业的发展。

在美丽乡村规划建设工作中，培育新产业，加快生态经济的发展，是实现乡村产业结构优化升级的一个重要途径。如立体养殖业、无公害蔬菜和花卉苗木种植业、"猪—沼—果"生态农业模式等，这些生态经济的发展模式，不仅能够提高乡村支柱产业的竞争力，带动相关产业的发展，形成产业联动，还能够为承接区域内外产业转移提供丰富的劳动力资源，从而实现生态效益和经济效益双赢[3]。

图 10 - 7　乡村普遍实现了现代化农业生产

图 10 - 8　乡村旅游事业蓬勃发展

### 3. 人居环境

在进行美丽乡村人居环境规划建设时，要以可持续发展为总目标，统筹城乡发展，注重自然资源的利用和生态环境的保护。美丽乡村的人居环境规划建设应结合乡村的地理区位以及地形地貌，在保持村庄自然田园风光不被破坏的前提下结合当地的文化习俗进行建设。良好的绿化布置与安静祥和的居住环境是村庄人居环境设计的最基本要求。无论是村民居住建筑还是公共建筑，都应与自然相结合，尽可能地减少人工的痕迹。人居环境的规划与设计应以人为本，创造适合村民生活居住、工作学习、休闲娱乐的一种质朴安静、新颖别致的环境氛围。

从宏观的角度来看，美丽乡村人居环境的整治与规划建设应与基础工程建设相协调，统筹兼顾生态环境保护、绿色农田、污染治理、文化休闲空间等多项内容。乡村环境和城市环境大相径庭，美丽乡村的人居环境建设重在优美的自然风景，重在醉人的田园气息，重在朴实的乡土特色，从而将城市的活力与现代的文明引入到乡村中，这样就能够既保留原汁原味的乡村风貌，又体现美丽乡村现代化。

从微观的角度来看，美丽乡村人居环境的整治与规划建设应注重营造和谐的邻里氛围，既保证村民住宅的隐私空间不被打扰，又要打造令人舒适的邻里交往空间。其中，草坪、建筑小品、道路绿化以及垃圾桶、路灯等的建筑造型与色彩，都是人居环境的一部分，都应当引起重视，设计到位。与此同时，还应注重丰富村民的日常文化生活，打造"户户皆美景，步步见春光"的美丽乡村景观效果。

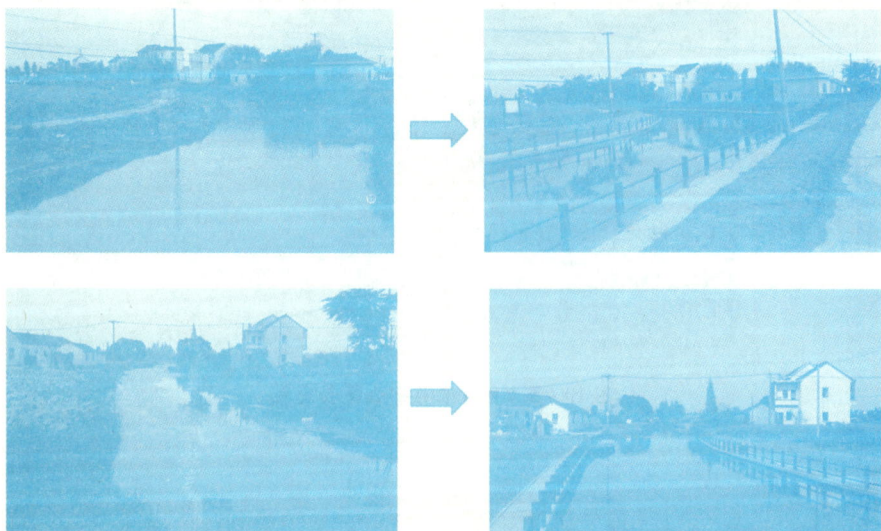

图 10-9　上海新义村人居环境前后变化

## 4. 建筑风貌

在美丽乡村建筑建设布局中，应结合当地地形地貌，在建筑风格与建筑造型上突出地方特色，保留乡村更多的特色美。

乡村公共建筑的外立面造型和色彩的选择比一般建筑更为谨慎和严格，不仅要与地形地貌相结合，更要与当地的民俗、传统文化统一协调，特别是一些极具代表性的建筑如寺庙和宗祠等。一些功能性和实用性较强的建筑如文化教育建筑、办公建筑都可以作为村镇的标志性建筑来设计。其地理位置、外立面的造型、色彩、高度都对整个乡村的整体形象有着很大的影响。在传统历史文化村镇中，村内的公共建筑更多的是要与村镇原有的建筑风格保持一致，以维护村庄朴实的风貌；而新规划的乡村或以旅游业为主要产业的乡村则更多的是要彰显公共建筑的功能性特色。例如文化建筑可以采用更新颖的建筑造型；商业建筑可以运用较为丰富的色彩。但值得注意的是，乡村建筑的尺度一般不宜过大，层高不宜过高，并且局部装饰可结合村庄传统风俗灵活布置。

村民住宅的外部造型应结合当地的风俗文化习惯与建筑特色，就地取材，在做到整体协调的基础上，与周边环境相结合，体现建筑的整体美。如北方地区建筑造型应坚固稳重，江南地区应简洁淡雅，山地环境应布置得错落有致，平原地带应将池塘、坡地等元素加以有效利用，做到建筑和自然紧密结合，相得益彰。

村民住宅内部设计应遵循"适用、经济、安全、美观"等原则，并根据当地村民的生产生活习惯、人口规模等灵活设计。如：以农业为主的村民住宅在满足基本的宽敞、明亮等建筑特色外还应留有一定大小的仓储用房和生产工具用房等。而以商业经营为主的村民习惯于将自己的住宅底层用作商铺，二层作为正常的起居室；或底层前半部分开店，后半部分作为仓储、加工等生产用房。在发展旅游业的村庄内，其建筑的平面布局还应考虑农户是否经营"农家乐"以及"民宿"等因素。

## 5. 公共服务设施

乡村社区的规划设计要有村民的活动场所。在广场或者活动中心宜布置一些建筑小品、体育健身设施等。在邻近几个村庄中根据医疗教育等公共服务设施的服务半径，合理布置幼儿园、小学、卫生站等，为村民生活教育提供方便。完善供水、排水、天然气、通信、网络、环卫等基础设施建设，让村民们也过上城市般

图 10 - 10　临街底层开店，生意红火

图 10 - 11　南方建筑精致典雅

图 10 - 12　北方建筑坚固稳重

舒适便利的乡村生活[4]。

　　值得一提的是，公共服务设施和基础服务设施并非越多越好，而是要依据村镇等级和基础设施的服务范围来确定其数量和布局情况。例如，中心村镇除必要的基础设施外，还应当配备相应的图书室、医疗卫生所、乡村金融网点、邮政所、电商合作社、农贸市场、村两委(村支部、村委会)、公交站(长途汽车站)等。自然村因为等级较低，人口较少，且距离中心村较近，只需要建设相应的给排水设施、道路硬化以及垃圾收集点、便民超市、文化休闲广场等即可。

　　如果说建立健全公共服务设施是建设美丽乡村的重要基础，那么对建成后的公共服务设施进行管理和保护则是实现美丽乡村可持续发展的重要保障。公共服务设施是乡村居民生产生活的重要组成部分，应当加强对公共服务设施的保护与监管，例如禁止超载车辆驶入沥青道路，禁止在道路上晾晒衣被、粮食等行为；对于公共场所、公共厕所要制定相关措施，配备相关人员进行打扫、消毒与垃圾清运等工作；禁止未经批准随意开挖和占用村道乡道，禁止占用排水管道或在其上方兴建构筑物；禁止向排水明沟、排水口等排污管线内倾倒垃圾、粪便、渣土等杂物。

图 10-13　老人在广场上休闲娱乐

图 10 - 14　甘肃省天水市后川村平整的沥青马路

## 参考文献

[1] 范恒山,陶良虎.美丽乡村——生态乡村建设的理论实践与案例[M].北京：人民出版社,2014.

[2] 周蕴涵.我国农村基础设施建设现状及存在的主要问题[J].财经界,2018(1)：3 - 5.

[3] 陈永林,孙巍巍.新农村建设中乡村产业结构调整探析——以赣南地区为例[J].科技经济市场,2009(6)：30 - 31.

[4] 韩伟强.村镇环境规划设计[M].南京：东南大学出版社,2006.

# 第十一章 | 一村一品　美丽乡村之案例借鉴

## 一、方兴未艾的产业发展型美丽乡村
### ——江苏省张家港市南丰镇永联村

### 1. 发展模式

产业型发展模式主要分布在东部沿海等经济相对发达地区，其特点是产业优势和特色明显，发展形成农民专业合作社、龙头企业基础好，产业化水平高，初步形成"一村一品"的产业发展模式，实现了农业聚集生产、农业规模经营。农业产业链条不断延伸，产业带动效果明显[1]。

### 2. 永联村基本情况

永联村，位于江苏省张家港市南丰镇，于 1970 年在长江边上围垦建村，直到 1978 年，还是全县最小、最穷、最落后的村。全村拥有土地面积 10.5 平方千米，村民 10500 人[2]。改革开放给永联村带来了生机和活力。当年，永联村突破"以粮为纲"禁锢，在低洼地上挖塘养鱼搞副业，掘到了第一桶金。紧接着，永联村开始走以工兴村道路，陆续创办了玉石厂、花砖厂等七个小工厂。1984 年，关停七个小工厂，集中财力，自筹 30 万元创办了轧钢厂，从此永联村跨入全县十大富裕村之列。1995 年起，为了先富带后富，同时也为了扩大工业发展空间，永联村先后并入五个行政村，从此小村变大村。2002 年，为应对亚洲金融风暴后期影响，永联村自筹资金10多亿元，用341天时间，打造了一座百万吨钢铁厂，跨入了大型联合型钢铁企业行业。2005年起，永联村借助集体经济实力雄厚的优势，积极响应新农村建设号召，全面推进城镇化建设，现在12平方千米的村域，呈现出一幅由小镇水乡、花园工厂、现代农庄、文明风尚构成的"中国农村现代画"，让老百姓过上了幸福的美好生活。永联村连续四届被评为全国文明村，还先后被评为全国先进基层党组织、国家级生态村、全国民主法治示范村、全国休闲农业与乡村旅游示范点、中国最有魅力休闲乡村、江苏省首批旅游风情小镇创建单位。

图 11-1　永联小镇

资料来源：http：//www. yong-lian. cn/index. php？m＝Overview&a＝yltp

### 3. 永联村建设美丽乡村的实践经验

（1）一个好书记带领一个好班子，贯彻落实一个好政策。

几十年间，永联村由丑小鸭变白天鹅，发生这样翻天覆地的变化，靠的就是"一个好书记，带领一个好班子，贯彻落实一个好政策"这条经验。

永联村党委书记吴栋材，全心全意为村民服务，始终坚信让老百姓们富起来、提高永联村的整体经济文化生活水平就会得到老百姓的认可。吴栋材及其一班人是农村政策的明白人，勇于从本地实际出发，创造性地贯彻落实党的方针政策，善于把政策转化为推动科学发展的现实机遇。凭着不图虚名的求实精神、敢冒风险的变革精神、艰苦奋斗的创业精神、不断进取的竞争精神、强国富民的奉献精神，他把永联村带到了全国农村建设的前列，将昔日的荒滩穷村发展为苏州市首富村、"江苏省社会主义新农村建设示范村"和"全国文明村"。

（2）以工业化为牵引，带动城镇化，进而全面实现农业、农村现代化。

永联村的发展过程，首先是工业化的过程。吴栋材书记 1978 年到永联村后，第一件事就是突破"以粮为纲"禁锢，挖塘养鱼，掘到"第一桶金"。随后兴办 7 个小加工厂，走上了"以工兴村"的道路。到 1984 年，吴栋材书记带领村民创办永联轧钢厂，第二年销售收入 1000 多万元，盈利 100 多万元，走上了轧钢富村的道路。

永联村发展的过程也是以工业化带动并促进城镇化的过程。随着永钢集团的发展，土地不断被征用，由此推动了农民集中居住以及城镇设施的配备。2006年，永联村拆迁田间地头的农户，归并、集中宅基地 1140 亩，拿出 1000 亩建设了永联小镇。同时永联村将土地统一流转，发展了粮食基地、苗木基地、蔬菜基地、休闲农业园等，进行规模化、集约化、市场化、现代化管理，让农民彻底从土地上解放出来。

（3）坚持共建共享不动摇，让农民得实惠。

永联村在建设美丽乡村的进程中，坚持共建共享原则不动摇，着眼于让农民得实惠，让他们共享这片土地上的发展成果。全村在不同发展阶段，结合实际分别设定"并队扩村""集体持股""按户分配"等制度，实现共同富裕。

并队扩村，就是一家人不吃两家饭。永联村积极带动周围的穷村共同致富，并坚持"进了永联门，就是永联人，凡是永联人，待遇人人都平等"的原则。集体持股，就是帮农民栽下摇钱树。在吴栋材的带动下，公司高级管理层都拿出股份留给集体，使得永联村在永钢集团保留了 25% 的集体股权。按户分配，就是让村民家家有房住。在美丽乡村建设过程中，永联村按城镇化、现代化的标准要求，建设了永联小镇。这样一来，不管村民原来是穷还是富，拆的多还是少，都确保家家有房住。其本质就是把货币形态的集体资产，通过拆迁安置，公平地转化为村民的家庭房产。

## ◆ 共同富裕

"全面建成小康社会，一个不能少；共同富裕路上，一个不能掉队。"脱贫攻坚始终是习近平总书记放在心头的民生大事，在新一届中共中央政治局常委同中外记者见面时，习近平总书记再次强调，我们将举全党全国之力，坚决完成脱贫攻坚任务，确保兑现我们的承诺[3]。

（4）探索建立精神文明发展模式。

"两手抓、两手都要硬"，经济要发展，精神要文明，对于建好一个村庄十分重要。为此，永联村长期以来把提升人的素质，实现人的现代化，作为与发展经济同样重要的工作，采取有力措施，狠抓不放。

一是设立"文明家庭奖"。将社会公德、家庭美德、计划生育、交通法规等要求，制定成百分制考核条款，委托村民所在的社区、学校和工作单位对村民进行考核，考核结果与二次分配、福利待遇挂钩，让精神文明建设有抓手，构建长效机制，使永联村民不管走到哪里，都能成为最好管、最自觉的人。

二是建设爱心互助街。设有爱心超市、亲情浴室等近20个功能室，为广大爱心人士、志愿者和服务对象搭建了互助平台，让爱心在互助中兑现它的无价之价，构建志愿服务常态化机制。成立志愿者联合会，有志愿者2800余人，日常开展给老人送餐、爱心家教等活动。

三是注册成立为民基金会。在扶贫、帮困、助残、安老、赈灾等方面发挥积极作用，构建爱心奉献规范化、常态化机制。

四是不断丰富文化生活。建设了文化活动中心、永联戏楼、水幕电影、喷泉广场等文化设施，每季一台晚会、每月一次讲座、每周一场电影、每天一出小戏，帮村民插上先进文化的翅膀，缩小城乡文化差距。

目前全村12平方千米村域范围内，形成了永联景区管理领导小组、永合社区、永联村经济合作社、永钢集团、社会组织等五个乡村治理主体。这五个治理主体相互联系，又各自独立。

（5）科学规划与治理生态环境相结合。

永联村30多年来，坚持可持续发展原则，大力加强生态文明建设和环境保护力度，实现人与自然和谐发展。

一是科学规划空间布局。早在2002年，永联村就请常州规划设计院对村庄建设发展进行详细规划，明确空间布局。2006年建设永联小镇前，又请同济大学等上海知名设计单位进行论证、完善。

二是不断美化村庄环境。在永联村，除工厂外的建筑，均导入了江南水乡的建筑文化，把粉墙黛瓦、小桥流水等江南建筑元素，艺术化地表现在现代建筑中，打造了具有21世纪时代特征的江南水乡，努力成为百年之后新的"周庄"[4]。

## 二、提质增效的生态保护型美丽乡村
### ——浙江省安吉县山川乡高家堂村

### 1. 发展模式

生态保护型模式——主要分布在生态优美、环境污染少的地区，其特点是自然条件优越，水资源和森林资源丰富，具有传统的田园风光和乡村特色，生态环境优势明显，把生态环境优势变为经济优势的潜力大，适宜发展生态旅游[1]。

### 2. 高家堂村基本情况

高家堂村位于全国首个环境优美乡山川乡境内，全村区域面积 7 平方千米，其中山林面积 9729 亩，水田面积 386 亩，是一个竹林资源丰富、自然环境保护良好的浙北山区村。高家堂村将自然生态与美丽乡村完美结合，围绕"生态立村—生态经济村"这一核心，在保护生态环境的基础上，充分利用环境优势，把生态环境优势转变为经济优势。现如今，高家堂村生态经济快速发展，以生态农业、生态旅游为特色的生态经济呈现良好的发展势头。通过自身的不断努力，先后荣获"全国文明村""国家级生态村""国家级民主法治示范村""全国绿色小康村"等荣誉称号。2008 年成为安吉县首批中国美丽乡村精品村之一[5]。

图 11 - 2　高家堂村

资料来源：http://wemedia.ifeng.com/72684523/wemedia.shtml

◆ 依托竹林资源发展的生态农业

在保护生态环境的基础上，充分利用环境优势，把生态环境优势转变为经济优势。高家堂村形成竹产业生态、生态型观光型高效竹林基地、竹林鸡规模养殖，改造和提升笋竹产业，搞好竹产品开发，形成特色鲜明、功能突出的高效生态农业产业布局。

## 3. 高家堂村建设美丽乡村的实践经验

（1）科学规划，合理布局。

高家堂村以休闲经济发展为主线，注重经济发展规划先行，聘请有关专家总体策划，由设计院设计，完成了高家堂村建设规划，把村现有产业通过节点串联，形成了"一园一谷一湖一街一中心"的村休闲产业带。目前已完成七星谷、水墨农庄、环湖观光带等建设，东篱农业观光园、竹烟雨溪接待中心等项目正在建设当中。农户房屋立面改造及庭院改造突出"浪漫"主题，结合村庄整体建设，融入山水风情。2011年完成村内主干道柏油硬化工程，并建成开通村庄旅游环线3千米。

（2）生态产业，特色明显。

高家堂村始终把发展生态产业作为加快经济发展、带动村民致富的着力点。根据当地实际，突出发展林业产业和生态休闲产业。建设高效毛竹林现代园区和世界银行毛竹林阔叶林树套种项目，成立竹笋专业合作社，流转全村3800多亩毛竹林，从零散销售到规模经营，为广大农户拓展了创收渠道。兴林富民高效林业基地、有机竹笋生产关键技术推广应用示范林的建设，极大地提高了林业单产。高家堂村的建设以仙龙湖水库为辐射点，向周边扩散。2011年度高家堂村成立安吉蝶兰风情旅游公司，正式作为乡村经营主体对外运营，同时海博休闲山庄项目等的建成，使高家堂村休闲产业不断发展。近年来游客接待率不断上升，走上了一条集休闲、度假、观光、娱乐为一体的村庄经营可持续发展之路。

（3）乡村文明，村容整洁。

高家堂村注重生态文明建设，民风淳朴，村民安居乐业。全村积极保护生态环境，保持生态原貌与建设的融合。较早实行卫生保洁等长效精细化管理和垃圾实行户收集后分类管理，进一步提升环境质量。村内建有阿科蔓污水处理池和湿地污水处理池，对全村农户的生活污水进行集中处理，达到标准排放。全村卫生厕所覆盖率100%。村女子腰鼓队、球操队等文化队伍经常性开展群众性文化娱乐活动，村民还自主学习舞蹈，每天傍晚自发进行排舞等活动，丰富了山村业余文化生活。

#### ◆ 村容整洁依靠谁

村容整洁是建设社会主义新农村的要义之一，也是构建和谐社会题中应有之义。

建设美丽乡村，改善村庄卫生环境，当然离不开农民群众从自己做起、从点滴做起。而在推进美丽乡村经济社会发展的进程中，如何引导农民改变生活方式，如何提高农民的公德意识和素质，同样也应提上农村村容整洁工作的日程。

## 三、山水如诗的休闲旅游型美丽乡村
### ——湖南省醴陵市枫林镇隆兴坳村

### 1. 发展模式

休闲旅游型模式——主要适于发展乡村旅游的地区，其特点是旅游资源丰富，住宿、餐饮、休闲娱乐设施完善齐备，交通便捷，距离城市较近，适合休闲度假，发展乡村旅游潜力大[1]。

### 2. 隆兴坳村基本情况

隆兴坳村位于醴陵市枫林镇南部，全村面积6.2平方千米，距离市中心22千米，岳汝高速和沪昆高速从中贯穿而过。全村现有23个村民小组、614户、2462人，有中共党员68名；水田面积1100亩，林地面积8000余亩，旱土220亩。隆兴坳村是省级美丽乡村，中国生态旅游名村。2014年以来，隆兴坳村共进行了房屋风貌改造一、二期，共改造民宿230余栋，三期改造正在进行中。从2016年开始，隆兴坳村依据枫林镇党委、政府要求，成立了隆兴坳生态农业发展有限公司，积极引进社会资本合作入股，发展集体经济。该公司与湖南智宇农业合资成立了鲲龙现代农业有限公司。在项目支持和社会资本的共同作用下，隆兴坳村产业发展迅速，相继开发出耿氏白茶、皇菊，"五福堂蜂蜜"荣获湖南省农博会金奖。产业兴旺，村民收入节节攀升，村级建设也日渐完善，耿传公祠周边开发了杜鹃谷、樱花坡、玫瑰地、紫薇湾等景区。

图 11-3　隆兴坳村全景图

### 3. 隆兴坳村建设美丽乡村的实践经验

枫林镇通过人居环境综合整治，大幅提升镇域环境面貌，结合美丽乡村整镇推进目标，探索在山清水秀之间，建设出品貌各异的特色美丽宜居村，逐步实现了人居环境"美"起来的目标。隆兴坳村就是通过人居环境综合整治"美起来了"的一个独具特色的村庄。隆兴坳村依据绿色发展原则，围绕旅游产业发展，结合当地资源、生态、区域优势，立足山、水、田、园等现实条件，以建设美丽乡村为抓手，全力助推全域旅游发展。

（1）科学进行村庄规划布局

2017 年，隆兴坳村投资 20 余万元，聘请长沙市规划设计院对全村进行整体规划，在充分听取了老百姓意见之后，制定了《隆兴坳村控制规划（2017—2020）》。这个控制性规划对产业项目布局、房屋建设审批等都有详细的要求，对建房位置、建筑风格、建筑层数、村内广告牌、围栏、垃圾桶、广场、绿化等也做出了具体的要求。

图 11 - 4 隆兴坳村总体规划设计

## ◆ 耿传公祠

耿传公祠系耿氏醴陵一脉的宗祠，始建于 1861 年( 清咸丰十一年)，砖木结构，小青瓦屋面，占地面积 3500 平方米，建筑面积 2356 平方米。采用湘东地区典型的庭院式布局，融入南方明清时期建筑的文化理念，设计巧妙，建筑精美，规模宏大，是醴陵祠堂建筑的杰出代表。

图 11 - 5  耿传公祠景区详细规划设计

图 11 - 6  耿传公祠一角

（2）积极助推特色产业发展

2017 年，隆兴坳村引进巨型稻立体种养项目，发展"巨型稻＋青蛙＋泥鳅"的稻田立体生态种养，实现了高产、优质、高效、生态的特色产业发展，同时，以耿传公祠为轴心，建设观光游道、休闲阁亭、民宿古宅等，并配合体验捉泥鳅、钓青蛙等农事劳作活动，打造集合生态农业、旅游休闲、农事体验为一体的"田园综合体"。

（3）加快推动建筑风貌改造

2014年以来，隆兴坳村以"村民筹工筹劳、政府奖补"的形式，累计投资400余万元，将房屋按照徽派建筑风格统一进行风貌改造，一二期共改造民宿230余栋，三期改造正在进行中，计划2019年内房屋风貌改造达到400栋。

（4）扎实推进垃圾分类治理

2018年，隆兴坳村开展垃圾分类试点，投放分类垃圾桶1100个。通过垃圾分类，每日垃圾转运量从两车缩减为一车。开展房前屋后整治，聘请专业团队对房前屋后的小溪流、小水渠和路坡、路肩等小角落进行设计改造，改造之后呈现出青石铺地为场圃、小桥流水绕村居的效果。

（5）统筹开展基础设施建设

通过一事一议、村民集资等方式，铺设柏油路11千米，硬化道路8千米，修缮桥梁3座。2018年，耿传高速互通口项目被纳入醴陵市重点项目。投资80万元，安装太阳能路灯260盏，即便是到了晚上，也可以照亮隆兴坳的美。种植荷花200亩，打造樱花坡、杜鹃谷，培植紫薇花海。在道路两旁种植美人蕉、波斯菊等花草，将村庄装点得四季花开，美不胜收。

（6）大力发展乡镇集体经济

自从隆兴坳人居环境美化起来后，各种产业项目也纷纷落户这里，比如巨型稻立体种养基地、国防教育基地、夜合山文创项目等。在此过程中，隆兴坳村探索"项目资本化"的运作模式，以项目入股的形式大力发展集体经济，实现了集体经济从无到有、从小到大的蜕变。目前，隆兴坳村的集体经济年收入超过50万元[6]。

#### ◆ 服务乡村振兴与美丽乡村建设："镇院合作"的创新模式探索

2019年1月，湖南省醴陵市枫林镇人民政府与湖南工业大学城市与环境学院正式签署"镇院合作"全面框架协议。"镇院合作"以服务乡村振兴战略为导向，以助力美丽乡村规划建设为重点，紧紧围绕美丽乡村规划建设、田园综合体建设、人居环境整治、特色旅游资源挖掘等主题，是传统校企、政校合作模式的一种新突破、一种新探索，为新时代高校服务国家重大战略需求与培养社会急需的高级专门应用型人才探寻了一条新路子，为新时期地方基层政府乡村振兴与乡村规划建设工作科学有序推进提供了一个新思路。

图 11-7　枫林镇人民政府与湖南工业大学城市与环境学院签署"镇院合作"框架协议

## 参考文献

[1] 唐珂，闵庆文，等.美丽乡村建设理论与实践[M].北京.中国环境出版社，2015.

[2] 永联村：不同于城市又别于农村的"农城"[J].湖南农机，2014，41(10)：89-90.

[3] 同心协力奔小康[J].中国测绘，2018(2)：1.

[4] 宋超，陈骁雄.城乡一体化视角下新农村建设的发展与对策——以永联村为例[J].才智，2015(16)：322-323，325.

[5] 竹海之船 打造生态美村——浙江省高家堂村美丽乡村创建工作纪实[J].农村工作通讯，2015(13)：58-59.

[6] 醴陵市人民政府网[EB/OL]http：//www.liling.gov.cn/c1053/20180928/i772120.html

　　一千多年前，东晋伟大的诗人陶渊明曾经这样描绘他心目中的世外桃源：土地平旷，屋舍俨然，有良田美池桑竹之属。阡陌交通，鸡犬相闻。其中往来种作，男女衣着，悉如外人。黄发垂髫，并怡然自乐……在中国人的记忆中，桃花源已成为美好生活愿景的代名词。随着时代变迁，山水洞谷之美、屋舍建造之精、文化遗韵之奇、寻常人家之趣的淳朴乡村生活渐渐变成当代人精神归属的栖息地，安宁和乐、自由平等的美好乡村生活也在国家和人民的共同努力下渐渐变成现实。习近平总书记在 2013 年召开的中央农村工作会议上强调："中国要强，农业必须强；中国要富，农民必须富；中国要美，农村必须美。"

图结 -1　画作《悠然策藜杖　归向桃花源》

　　美丽中国宏伟愿景的实现，离不开美丽乡村这一最美蓝图的描绘。在我国当前的发展进程中，美丽乡村的建设是现代化运动在优化发展结构、增强发展动力、化解发展矛盾、补齐发展短板中具有突破性进展的一个发展引擎，是我国全面实现现代化的必然要求。

建设美丽乡村，是实现建设美丽中国、全面建成小康社会的理想愿景。党的十八大明确提出，要"把生态文明建设放在突出位置，融入经济建设、政治建设、文化建设、社会建设各方面和全过程，努力建设美丽中国，实现中华民族永续发展"。随着生态文明建设全新理念的普及与推广，作为一次乡村综合性改革，美丽乡村是顺应社会生态发展趋势的更高程度的现代乡村建设，既继承发展"生产发展、生活宽裕、乡风文明、村容整治、管理民主"的乡村建设目标思路，同时也顺应深化对自然客观规律、市场经济规律、社会发展规律的认识，更好地树立美丽乡村建设节约生态资源和保护生态环境的基本理念，也更加促进人与自然和谐相处，更加推动农业发展方式转变，更加关注农业功能多样性发展，更加延续保护和传承农业文明，更加致力于乡村可持续发展。建设美丽乡村注意克服土地浪费、规划不合理、环境污染严重及设计不符合生态原则等问题，重点推进生态农业建设、推广节能减排技术、节约和保护农业资源，是落实生态文明建设的重要举措，是在乡村地区建设美丽中国的具体行动，也是建设美丽乡村的基本着力点。高扬生态文化理念，充分体现对环境的关爱乃至对整个生物圈的尊重，充分尊重现有的自然条件与地理环境，达到山地有山地的特色、水乡有水乡的风格、平原有平原的品位。

建设美丽乡村，是实现乡村居民幸福安居、统筹城乡发展的理想愿景。美丽乡村建设的宗旨是什么？这是必须首先回答的问题——美丽乡村建设的宗旨就是农民的幸福安居，如果不突出和强调农民的幸福安居，就谈不上是真正的美丽乡村。以幸福安居为宗旨的美丽乡村建设一定要让最有发言权的农民参与进来，一切为了农民。推进乡村人居环境与空间优化建设，创建宜居、宜业、宜游的美丽乡村是幸福安居的主要体现，是现代乡村建设理念、内容和水平的全面提升，也是社会主义现代化乡村建设水平的重要表现。美丽乡村的建设，将极大促进乡村建设与社会结构空心化的问题，优化土地利用空间结构与集约程度，改善乡村居民住房条件，提升村庄生活景观质量，完善乡村基础设施与公共服务设施，为居民日常生产生活提供必要保障。随着美丽乡村特色产业的开发与发展，乡村生活与经济发展、城市发展的关系越来越密切，一方面生态农业提供的产品与服务越来越成为都市人欢迎的宠儿，另一方面因乡村生活的优化建设和本身生态怡然的环境特质，越来越多的都市人愿意体验乡村生活甚至融入乡村，这些都为乡村与城市建立了沟通与相融的桥梁，可以更好优化城乡统筹发展。

建设美丽乡村，是实现加强非遗保护建设、实现民族文化振兴的理想愿景。文化是一个民族、一个国家的灵魂和软实力，是我们国家屹立于世界民族之林的根基所在，同样也是一个区域、一个村落的魅力所在。在我国漫漫的历史长河中，乡村作为最古老的人类活动载体，也承载着我国最本真、最纯粹、最古老的文化基因。我们也要看到，当前乡村文化保护和创造还远远不能适应美丽乡村建设的要求。一方面，美丽乡村的建设，要建立在乡村本土文化的基础上，尊重乡村文化和历史，发挥地方特色，保护传统精华，保持乡村文化的本真，并加以创新，走出一条适合乡村文化和美丽乡村建设协调发展的新道路。另一方面，深厚的历史文化、淳朴的乡风村俗、质朴的伦理道德和紧密的邻里关系构成了看得见、摸得着、有着巨大影响力的道德标准与社会公约。这种人与人、人与自然、人与文化交融的和谐，也正是现代人所追求的理想人际环境。

美丽乡村建设是一个过程。但这个走向美丽、生态、现代化的过程是民心所向、众望所归的实事，是利在当代、功在千秋的好事。我们要从全局和长远的战略高度，更加自觉地把建设美丽乡村作为当前和今后一个时期农村工作的主旋律，强化组织领导、要素投入、宣传引导、管理服务，形成共建共创共享美丽乡村的良好氛围，建设环境优美、生活富美、社会和美的现代化新农村。

◆ **声音**

在 2018 年 3 月 7 日举行的第十三届全国人民代表大会一次记者会上，农业部部长韩长赋在回答关于"心目中的乡村振兴是一幅什么样的图景"的提问时说，这个愿景一定是很美好的，可用"三个让"来表达。

一是要让农业成为有奔头的产业。搞农业不仅有干头，还要有说头、有看头、有赚头。

二是要让农民成为有吸引力的职业。今后随着科技进步，随着产业的发展，农民将会是一个有吸引力的职业，"将来想当农民不容易"。

三是让农村成为安居乐业的美丽家园。将来农村人不仅可以享受城里人那样的公共设施、公共服务，而且还拥有优美环境、田园风光。

在漫漫历史长河中，农业文明不仅为中华民族的繁衍生息提供了丰富多样的衣食产品，也为中华文化的发展提供了色彩缤纷的精神资源。重视农业文明的发扬和光大，可以更好提升国家软实力、推动社会创新和发展，可以更好满足广大人民群众日益增长的美好生活需要、解决当下发展不平衡不充分这一主要问题，可以更好加强民族文化建设、构建社会主义核心价值体系。

中国要强，农业必须强。美丽乡村建设一定要走符合农村实际的路子，遵循乡村自身发展规律，充分体现农村特点，注重乡土味道，保留乡村风貌，留得住青山绿水，记得住乡愁，才能更好实现美丽乡村建设和乡村振兴战略的美好愿景。

### ◆ 实践说——"四美"愿景下的顶溪园村

顶溪园村坐落于福建晋江市紫帽山脚，是王姓村民聚族而居的自然村落。舟船沿紫溪古港可达晋江，入泉州湾，自东海而下南洋。顶溪园村历史悠久，文化丰厚。但随着时光变迁，改革开放带动晋江市工业发展和交通干道南移，那个花果飘香、富裕安宁的历史村落因出现生态环境污染、果树绝收、人口流出等问题逐渐没落。

近年来，随着紫帽山风景名胜区和国家级泉州经济技术开发区的建设，以及晋江市以"村庄秀美、环境优美、生活甜美、社会和美"为愿景的"美丽乡村"建设，位于产业区和旅游区之间的顶溪园村作为"美丽乡村"示范村，迎来了发展绿色农业旅游、构建美丽乡村的大好时机。

1. 村庄秀美

"村庄秀美"要求村庄规划建设管理到位，违法用地和违法建设的"两违"行为得到有效遏制，农民房屋建设有序，有效推进危旧房、石结构房改造，"空心村"及旧村居得到有效整治，无乱搭乱盖现象。

顶溪园村充分利用村旁荒坡地在村西集中建设居住新村，村东集中建设农家乐会所和游客服务中心，使村民房屋建设有出路，发展有空间，设施能配套，环境有改观。对村内所有未进行外装修及正在进行外装修的房屋统一形式、统一风格、统一颜色、统一装修标准，未修围墙的统一采用篱笆墙，新建翻建的房屋统一留出3至4米的入户道路，以保证村宅与村落整体景观风貌相协调，达到村庄秀美的目的。

2. 环境优美

"环境优美"要求农村垃圾、污水得到有效治理，村内无卫生死角，100%建立

图结-2　顶溪园村新村集中建设区和游客服务中心位置

村庄长效保洁机制，常年清洁卫生。家禽家畜圈养，农户庭院整洁，自来水和无害化卫生户厕基本普及，完全消灭旱厕。农村工业污染、农业面源污染得到有效整治。村庄道路通达、绿树成荫、水清流畅。

顶溪园村出动近千辆钩机、农用车对村内所有旱厕、猪圈进行清除，共清除200个旱厕、猪圈及6间废旧房屋。开展卫生大扫除，清除房前屋后的垃圾、杂石、杂草，村内设置垃圾收集站，村道旁配置垃圾桶。对村中古大树、福安桥古迹、阿弥陀佛石刻及王紫南墓碑等进行保护，清除古物周边杂草，对碑刻字进行描红。

对村中农田灌渠和村前金溪进行综合整治，保证河道、沟渠、水塘净化整洁，水体清澈，无淤泥，无垃圾杂物。在保证溪流行洪安全的前提下，整修和建设亲水型、生态型河道，岸边设置游步道、休闲广场、休息凉亭，形成滨溪风光带，为村民提供游览休闲场所。

结合农用林网建设，对村庄周边、入村道路以及村间道路两侧进行绿化，更新生长弱势的小杂树，种植生长快和经济价值高的树种，美化村容村貌。保护环村小山包生态环境，建设环村步道，形成绿链串珠状环村公园。实施村庄道路、庭院绿化工程，发展小竹园、小果园、小茶园、花卉苗圃园，形成村落内靓丽的风景线。

图结-3　顶溪园村环村公园与绿地规划

为了彻底改变村庄环境卫生面貌，治理污水根源，村庄户户建设卫生厕所、三格式封闭式化粪池，卫生间污水逐层过滤后用于庭院绿化灌溉。村庄生活污水处理引进"生活用水湿地处理池"新技术，经过层层净化，排水达到环保要求。在村庄内新添农户家用小垃圾桶和活动垃圾桶，建设大型垃圾收集房，由农户进行初次垃圾分类，可回收垃圾进行回收利用，其他垃圾集中收集，并由保洁人员送到垃圾中转站，彻底改变了过去村庄环境脏、乱、差的状况。

3. 生活甜美

"生活甜美"要求乡村居民增收渠道增多，2017年，晋江乡村居民人均纯收入达 21598 元。乡村教育、卫生、医疗等社会事业大力发展，公共服务设施健全，95%以上村宣传文化阵地达到"五有一所"(有阅报栏、宣传栏、科普栏、广播室、文化科技卫生服务站和农民文化娱乐场所)要求，农民文明观念提升、生活便利、文化体育活动丰富。

顶溪园村充分利用村庄资源优势和位于城郊的区位条件，开展乡村生态农业体验活动，草莓种植品尝体验活动，水果采摘、欢乐亲子度假旅游活动，农家乐、运动健身延寿旅游活动等四季不同的半日游、一日游和两日游活动，大力发展休闲农业，为旅游者提供观赏、品尝等服务，从而为村庄创造广阔的就业机会，尤其是为村庄家庭妇女和尚不具备技术专长的青年以及中老年农民等农村剩余劳动力提供就业岗位。

在村中心利用空闲地和旧宅院建设健身场地、幼儿园等公共设施，形成村级公共服务中心，为村民提供公共活动空间，丰富乡村文化生活，满足村民对社会服务和精神文化的需求，促进村庄经济社会、物质文明和精神文明协调发展。

4. 社会和美

"社会和美"要求基层组织健全，村级组织战斗力强，群众对村级班子的满意率达到90%以上。农村治安良好，无重大刑事案件和群体性事件发生。农村精神文明创建活动深入开展，邻里和睦、尊老爱幼，移风易俗、社会和谐。

总结：通过美丽乡村建设，顶溪园村尊老爱幼、扶弱济贫、团结互助、爱护公物等社会公德得到弘扬，维护村庄卫生环境，搞好家庭清洁卫生，种树栽花等成为村民风尚，清洁、卫生、健康、科学的生活习惯逐步养成，环境意识、卫生意识、文明意识不断增强。村民管理民主化程序也逐步提高，由村民直选建立村委会，由村民小组推选村民代表建立村民代表会议制度，村委会内部机构分工职责明确，组织健全，重大事务以及村民关注的热点、难点问题都由村民代表会议讨论决定。

顶溪园村通过美丽乡村建设，村庄社会事业和产业得到了发展，基础设施大大改善，绿化工程大大提升，彻底改变了村容村貌，提高了村庄的整体影响力，实现了"村庄秀美、环境优美、生活甜美、社会和美"的美丽乡村建设目标，也给我们众多地区的美丽乡村建设提供了很好的借鉴之路。

——根据余美生《"四美"愿景下的晋江美丽乡村实践》整理

图结-4 顶溪园村榕树园整治规划

美丽乡村和乡村振兴战略作为新时代中国特色社会主义"三农"工作的主要抓手，符合农业农村发展的阶段性特征，是现实国情农情的战略规划，是稳步推进农业农村现代化的顶层规划。美丽乡村和乡村振兴战略让亿万乡村居民过上更加幸福美好的新生活已渐行渐近。

图结 -5　顶溪园村效果鸟瞰

图结 -6　美丽乡村让我们距离幸福生活更近一步

乡村振兴，既是党的十九大提出的重大国家战略，也是每一位中华儿女为之努力奋斗的重要目标。而美丽乡村，既是美丽中国建设的重要组成部分，也是我国实现全面建成小康社会伟大目标的重大举措。

《筑梦，圆梦：共话乡村振兴，共建美丽乡村》社会普及读物作品以"中国梦"、"乡村梦"为切入点，以筑梦、圆梦为主题，试图将乡村振兴与美丽乡村规划建设科普有机结合，旨在为新的战略机遇期乡村振兴战略目标实现、美丽乡村建设工作有序推进提供理论与实践参考。

2015年，团队研究生张颂申请获批立项了中国科协研究生科普能力提升项目，这也标志着我们团队正式开始了科普作品的创作与研究。2016年，团队创作的作品《趣谈人居环境》入选了首批湖南省社科普及读物出版资助项目。2017年，《趣谈人居环境》科普作品由湖南教育出版社正式出版发行。2018年，《趣谈人居环境》科普作品获湖南省社科成果"省内良好"等级鉴定。2019年，湖南省社会科学普及宣传活动组委会、湖南省社会科学成果评审委员会联合下发了《关于湖南省社会科学普及读物出版资助项目立项的通知》(湘社普〔2019〕1号)，《筑梦，圆梦：共话乡村振兴，共建美丽乡村》再次入选湖南省社科普及读物出版资助项目。《筑梦，圆梦：共话乡村振兴，共建美丽乡村》再次入选，使我们创作团队既深感荣幸之至，更知万般压力，唯有精心打磨，尽力打造精品。本作品创作历时近两年有余，先后修改书稿20余次，现终得以成书。

本书的作者除赵先超、高开辉、袁超、胡艺觉外，还有苗杰、马肖迪、任佳、凡雨宸、彭竞霄、许梦阳、谭书佳、曾彦嘉、陈紫君、李春潇、倪筱珈、史方波、牛亚文、毛凤仪。此外，曾彦嘉老师在书稿的中后期修改过程中承担了部分的修改工作。作品各章具体编写人员如下：

开篇　时代呼唤　中国梦之乡村振兴　　　　赵先超　袁　超

第一章　继往开来　美丽乡村之发展背景　　凡雨宸　牛亚文

第二章　开拓进取　美丽乡村之发展现状　　苗　杰　胡艺觉

第三章　协同推进　美丽乡村之建设内容　　袁　超　赵先超

第四章　安居乐业　美丽乡村之幸福人居　　马肖迪　倪筱珈

第五章　因地制宜　美丽乡村之产业发展　　马肖迪　谭书佳

第六章　青山绿水　美丽乡村之生态环境　　彭竞霄　陈紫君

第七章　城乡统筹　美丽乡村之公共服务　　任　佳　史方波

第八章　乡风文明　美丽乡村之文化建设　　凡雨宸　胡艺觉

第九章　管理民主　美丽乡村之基层组织　　任　佳　高开辉

第十章　同心共筑　美丽乡村之规划建设　　苗　杰　曾彦嘉

第十一章　一村一品　美丽乡村之案例借鉴　许梦阳　李春潇

结语　宏伟蓝图　美丽乡村之发展愿景　　　袁　超　毛凤仪

本书为湖南省社会科学普及读物出版资助项目（XSKP19CB08）和湖南省学位与研究生教育改革研究项目（2019JGYB218）资助成果。作品在编写过程中，参考了诸多国内外专家、学者的相关研究成果、图文和案例资料，在此对这些研究成果的专家作者表示最衷心的感谢。此外，作品在编写过程中，也借鉴了国内很多乡村规划或建设的实践案例，部分案例由于时间关系未能就数据等一一进行核实确认，在表示感谢的同时一并表示歉意。

真诚感谢湖南省社科联陈远处长、龙艳主任在本书出版过程中给予的大力支持与精心指导；衷心感谢湖南工业大学美丽乡村建设与发展研究中心顾问、湖南省政府参事、湖南师范大学博士生导师朱翔教授提出的宝贵修改意见；真诚感谢湖南工业大学城市与环境学院院长周跃云教授对本书出版的大力支持；由衷感谢中南大学出版社彭辉丽编辑在作品出版过程中付出的大量心血；一并需要感谢的是作品中相关图片、文字的原始作者。

诚然，由于编者水平有限，作品个别错误在所难免，旨在抛砖引玉，恳请各位同行专家、尊敬的读者朋友提出宝贵意见和建议。

**图书在版编目（CIP）数据**

筑梦，圆梦：共话乡村振兴，共建美丽乡村／赵先超
等编著. —长沙：中南大学出版社，2019.12
（2018年湖南省社会科学普及读物）
ISBN 978 - 7 - 5487 - 3883 - 1

Ⅰ.①筑… Ⅱ.①赵… Ⅲ.①农村－社会主义建设－
研究－中国 Ⅳ.①F320.3

中国版本图书馆 CIP 数据核字（2019）第 274951 号

## 筑梦，圆梦：共话乡村振兴，共建美丽乡村

赵先超　高开辉　袁　超　胡艺觉　编著

| | | |
|---|---|---|
| □**责任编辑** | 彭达升 | |
| □**责任印制** | 易红卫 | |
| □**出版发行** | 中南大学出版社 | |
| | 社址：长沙市麓山南路 | 邮编：410083 |
| | 发行科电话：0731 - 88876770 | 传真：0731 - 88710482 |
| □**印　　装** | 长沙市宏发印刷有限公司 | |

| | | | | | |
|---|---|---|---|---|---|
| □**开　　本** | 710 mm×1000 mm 1/16 | □**印张** 16.25 | □**字数** 288 千字 |
| □**版　　次** | 2019 年 12 月第 1 版 | □2019 年 12 月第 1 次印刷 |
| □**书　　号** | ISBN 978 - 7 - 5487 - 3883 - 1 |
| □**定　　价** | 200.00 元 |

图书出现印装问题，请与经销商调换